CHOIX

DE DIALOGUES

EN VERS ET EN PROSE

par

LE R. P. CHAMPEAU,

SALVATORISTE, ANCIEN SUPÉRIEUR DE PETIT SÉMINAIRE,
SUPÉRIEUR AU COLLÉGE DE SAINTE-CROIX
AUX TÉRNES (PARIS).

PARIS

NOUVELLE LIBRAIRIE CLASSIQUE

VICTOR SARLIT, LIBRAIRE-ÉDITEUR

RUE SAINT-SULPICE, 25

CHOIX

DE DIALOGUES

EN VERS ET EN PROSE.

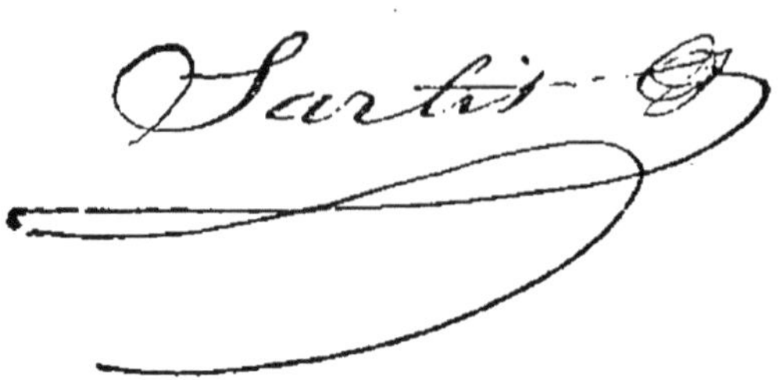

MÊME LIBRAIRIE.

DU BON LANGAGE ET DES TERMES ET LOCUTIONS VICIEUSES A ÉVITER, par madame la comtesse Dnohojowska, née Symon de Latreiche. 1 vol. in-12. 1 fr. 50

DE LA POLITESSE ET DU BON TON, ou Devoirs d'une femme chrétienne dans le monde, par le même auteur. In-12............ .... 1 fr. 50

LECTURES SUR LES DÉCOUVERTES DANS L'INDUS-TRIE ET DANS LES ARTS. Livre de lecture courante à l'usage des enfants de 12 à 15 ans, par M. Labarre, officier de l'instruction publique. 1 vol. in-12, cartonné. 1 fr. »

MÉTHODE DE LECTURE, ou Procédé facile pour apprendre à lire d'une manière conforme à la marche naturelle du langage, ouvrage approprié au goût et à l'intelligence des enfants, par un ancien instituteur. In-12, cartonné................................ ...... 30 c.

EXERCICES DE LECTURE, du même auteur. In-12, cartonné........................... ...... 30 c.

FABLES ET MORCEAUX CHOISIS dans nos meilleurs auteurs, annotés pour l'usage des classes élémentaires, par le P. Champeau, salvatoriste, ancien supérieur de petit séminaire 1 vol. in-18, cartonné.... .... 1 fr. »

CORBEILLE POÉTIQUE DU JEUNE AGE ou Recueil de leçons littéraires, morales et religieuses, empruntées à nos meilleurs auteurs anciens et modernes, par M. Buron, professeur. In-18 , cartonné..................... 90 c.

LES VACANCES EN FAMILLE, récits historiques, anecdotiques et légendaires, pour édifier, instruire et récréer la jeunesse, par le même auteur. In-12.......... ... 1 fr. 25

Corbeil, imprimerie de Crété.

CHOIX

DE DIALOGUES

EN VERS ET EN PROSE

par

LE R. P. CHAMPEAU,

SALVATORISTE, ANCIEN SUPÉRIEUR DE PETIT SÉMINAIRE,

DIRECTEUR DU COLLÉGE SAINTE-CROIX AUX TERNES

A PARIS.

V. S.

PARIS

NOUVELLE LIBRAIRIE CLASSIQUE,

VICTOR SARLIT, LIBRAIRE-ÉDITEUR,

RUE SAINT-SULPICE, 25

1858

CET OUVRAGE SE TROUVE :

A Angers,	chez MM.	Barassé.
Beauvais,	—	Clément-Lebègue.
Bruxelles,	—	Goemare.
Marseille.	—	Laferrière.
Metz.	—	Rousseau-Pollet.
Tournai,	—	Casterman.
Tours,	—	Cattier.
Troyes,	—	Guignard.
Vitri-le-Français,	—	Bitsch.

RECUEIL

DE DIALOGUES.

PREMIÈRE PARTIE,

DIALOGUES EN VERS[1].

I. — LA CIGALE ET LA FOURMI.

LA CIGALE.

J'ai chanté

Tout l'été;

Mais je suis bien dépourvue,

Depuis que la bise [2] est venue.

Pas un seul petit morceau

De mouche ou de vermisseau !

Irai-je crier famine

Chez la fourmi, ma voisine?

[1] La plupart de ces dialogues sont tirés des fables de La-
fontaine et de Florian.

[2] Vent froid, hiver.

Je la vois venir ; quel bonheur !
  Bonjour, ma sœur !

LA FOURMI.

Bonjour, ma mie !

LÁ CIGALE.

Secourez-moi, je vous prie.

LA FOURMI.

Comment ?

LA CIGALE.

      Veuillez me prêter
Quelque grain, pour subsister
Jusqu'à la saison nouvelle.
Car mon angoisse est mortelle.
Je vous pairai [1], foi d'animal,
  Intérêt et principal.

LA FOURMI.

Oh ! oh ! je ne suis pas prêteuse ;
  C'est là mon moindre défaut.
  Que faisiez-vous au temps chaud ?
  Répondez, belle emprunteuse.

LA CIGALE.

Nuit et jour, à tout venant,
Je chantais, ne vous déplaise.

LA FOURMI.

Vous chantiez, j'en suis fort aise ;
Eh bien ! dansez maintenant.

[1] Pour *paierai.*

LA CIGALE.

Apprenez la prévoyance
Dès votre enfance.
Puisse ma mort,
Vous faire éviter mon sort !

II. — LE LOUP ET L'AGNEAU.

LE LOUP(*bas*).

Suivons le cours de ce ruisseau.
Quelque brebis, par aventure,
Peut venir en ce lieu chercher une onde pure...
Justement ! je vois un agneau.
Je suis à jeûn, de faim j'enrage.

(*Haut.*)

Qui te rend si hardi de troubler mon breuvage ?

L'AGNEAU.

Sire, que Votre Majesté
Ne se mette pas en colère ;
Mais plutôt qu'elle considère
Que je me vas désaltérant
Dans le courant,
Plus de vingt pas au-dessous d'elle ;
Et que, par conséquent, en aucune façon
J ne puis troubler sa boisson.

LE LOUP.

Tu la troubles, te dis-je, animal sans cervelle !
Et je sais que de moi tu médis l'an passé.

L'AGNEAU.

Comment l'aurais-je fait si je n'étais pas né?
Informez-vous ; je tette encor ma mère.

LE LOUP.

Si ce n'est toi, c'est donc ton frère.

L'AGNEAU.

Je n'en ai point.

LE LOUP.

C'est donc quelqu'un des tiens ;
Car vous ne m'épargnez guère,
Vous, vos bergers, et vos chiens,
On me l'a dit ; il faut que je te mange.

L'AGNEAU.

Cruel ! tôt ou tard le ciel venge
L'innocence opprimée, et frappe les méchants ;
Ses plus terribles coups sont pour les plus puissants.

III. — LE CORBEAU ET LE RENARD.

LE RENARD (*seul.*)

Je sens une odeur de fromage
Qui révèle un friand morceau ;
Parcourons ce bocage.....
Qu'aperçois-je ? Ah ! c'est Maître Corbeau,

Avec son noir corsage,

Là haut, tenant en son bec le gâteau.

Il faut séduire

Notre beau sire.

(*Haut.*)

Eh ! bonjour, monsieur du Corbeau.

Que vous êtes joli ! que vous me semblez beau !

Sans mentir, si votre ramage

Se rapporte à votre plumage,

Vous êtes le phénix [1] des hôtes [2] de ces bois.

LE CORBEAU.

Vous ne connaissez pas ma voix ?

(*Il laisse échapper son fromage, et le Renard s'en*

saisit.)

LE RENARD.

De l'ouïr aujourd'hui j'ai la plus grande joie,

Puisqu'elle me procure une si belle proie.

En revanche, mon bon monsieur,

Apprenez que tout flatteur

Vit aux dépens de celui qui l'écoute :

Cette leçon vaut bien un fromage, sans doute.

LE CORBEAU.

Fripon ! j'en suis tout confus.

Mais n'y reviens jamais ; tu ne m'y prendras plus.

[1] Le plus bel oiseau.
[2] Habitants.

IV. — LA PIE ET LA TOURTERELLE.

LA PIE.

Je vous demande avis, aimable tourterelle ;
    Car je suis sans cesse en querelle
Avec ma sœur aînée ; elle a tant de défauts,
Que je ne connais pas de remède à mes maux !

LA TOURTERELLE.

    Je vous plains ; mais, sans flatterie
Parlez-moi ; n'avez-vous aucun tort, chère amie ?

LA PIE.

J'ai les miens quelquefois, je l'avoue entre nous,
    Je n'en fais pas mystère à vous.
Par exemple : en propos je suis assez légère,
    Vive, et parfois un peu colère,
Et je me plais souvent à la faire enrager.
Mais qu'est-ce que cela ?

LA TOURTERELLE.

        C'est beaucoup trop, ma chère ;
    Commencez par vous corriger.
    L'humeur aigrit le caractère.

LA PIE.   [maux,

Moi, de l'humeur ! Comment ! je vous conte mes
Et vous m'injuriez ! Je vous trouve plaisante !
    Allez, petite impertinente,
    Mêlez-vous de vos tourtereaux.

LA TOURTERELLE.

Nous convenons de nos défauts,
Mais c'est pour que l'on nous démente.

V. — CONSEIL TENU PAR LES RATS.

LE DOYEN.

Pendant que Rodilard [1]
Fait le mal quelque part,
Arrêtons en conseil une sage mesure ;
Ne perdons pas le temps en regrets superflus;
Car ce chat fait des rats telle déconfiture,
Que bientôt dans ces lieux il n'en restera plus.
Cet assassin, ce misérable
N'est pas un chat, mais un vrai diabl .

UN RAT.

C'est trop vrai, monsieur le doyen,
Mais enseignez-nous un moyen.

LE DOYEN.

Dans la nécessité présente,
Prenons une mesure énergique et prudente.
J'opine donc qu'il faut, et plus tôt que plus tard,
Attacher un grelot au cou de Rodilard.
Quand il viendra faire la guerre,
De sa marche avertis, nous descendrons sous terre.

1 Nom d'un chat, *qui ronge le lard*.

TOUS.

Bravo ! c'est adopté
A l'unanimité !

LE DOYEN.

Ce moyen, chers amis, est vraiment salutaire.
Mais je ne prétends pas attacher le grelot.

UN RAT.

Pour moi, je n'y vas point ; je ne puis pas si sot.

UN AUTRE.

Ni moi, je ne saurais ; ce n'est pas mon affaire.

UN AUTRE.

Ne faut-il que délibérer,

La cour en conseillers foisonne ;

Est-il besoin d'exécuter,

L'on ne rencontre plus personne.

Rodilard vient incontinent ;

Partons, et fuyons prestement.

VI. — LA CHAUVE-SOURIS ET LES DEUX BELETTES.

UNE BELETTE.

Quoi ! vous ! jusque dans mon logis !
Pour me venger Dieu l'a permis.
Je vous tiens, et je vous en garde.

LA CHAUVE-SOURIS.

Excusez-moi, c'est par mégarde ;
J'ignorais...

LA BELETTE.

Vous osez à mes yeux vous produire,
Après que votre race a tâché de me nuire !
N'êtes-vous pas souris ? Parlez, sans fiction.
Oui, vous l'êtes ; ou bien je ne suis pas belette.

LA CHAUVE-SOURIS.

Pardonnez-moi ; de la pauvrette
Ce n'est pas la profession.
Moi, souris ! Des méchants vous ont dit ces nouvelles.
Grâce à l'auteur de l'univers,
Je suis oiseau ; voyez mes ailes :
Vive la gent qui fend les airs !

LA BELETTE.

Votre excuse me semble bonne ;
Je l'admets sans peine, et vous donne
Liberté de vous retirer.

LA CHAUVE-SOURIS.

De bon cœur, je vous remercie.
(bas)
Je ne viendrai plus m'y fourrer.
Mais quelle est cette autre ennemie,
Qui me menace encore avec son long museau ?

UNE AUTRE BELETTE.

La belle ! je vous croque en qualité d'oiseau.

LA CHAUVE-SOURIS.

Que dites-vous ? Comment ? Vous me faites outrage :

Moi, pour telle passer ! Vous n'y regardez pas.
   Qui fait l'oiseau ! C'est le plumage.
   Je suis souris : vivent les rats !
   Jupiter confonde les chats !

LA BELETTE.

Ah ! votre race est notre amie ;
Allez ; je vous laisse la vie.

LA CHAUVE-SOURIS.

Je n'avais jusqu'alors jamais si bien compris
A quoi sert quelquefois d'être chauve-souris.

VII. — LE RENARD ET LE BOUC.

LE BOUC.

   Par une aussi grande chaleur,
A loisir respirons de ce puits la fraîcheur ;
   Et que son eau nous désaltère.

LE RENARD.

Oui ; mais après cela que ferons-nous, compère ?
Ce n'est pas tout de boire, il faut sortir d'ici.
Lève tes pieds en haut, et tes cornes aussi ;
Mets-les contre le mur : le long de ton échine
   Je grimperai premièrement ;
   Puis, sur tes cornes m'élevant,
   A l'aide de cette machine,

De ce lieu-ci je sortirai ;
Après quoi je t'en tirerai.

LE BOUC.

Par ma barbe ! il est bon ; et franchement je loue
Les gens bien sensés comme toi.
Je n'aurais jamais, quant à moi,
Trouvé ce secret, je l'avoue.

LE RENARD (*sorti*).

Me voici délivré ; merci, cher compagnon.
Pour prix de ton secours, retiens cette leçon :
Si le ciel t'eût donné, par grâce singulière,
Autant de jugement que de barbe au menton,
Tu n'aurais pas, à la légère,
Descendu dans ce puits. Or, adieu ; j'en suis hors :
Tâche de t'en tirer, et fais tous tes efforts ;
Car pour moi j'ai certaine affaire,
Qui ne me permet pas d'arrêter en chemin.
En toute chose il faut considérer la fin.

VIII. — L'Alouette et ses petits.

LA MÈRE ALOUETTE.

Je vais chercher pâture, mes enfants,
Soyez au guet ; et que chacun écoute.
Si le possesseur de ces champs
Vient avecque[1] son fils, comme il viendra sans doute,

---

[1] Vieux mot pour *avec*.

Écoutez bien : selon ce qu'il dira,
Chacun de nous décampera.

UN PETIT.

Adieu. Je veillerai sur toute la famille..... *(Silence.)*
       (Bas.)
Voici le possesseur qui vient avec son fils.

LE PROPRIÉTAIRE.

Ces blés sont mûrs, mon fils, allez chez nos amis
Les prier que chacun, apportant sa faucille,
Nous vienne aider demain, dès la pointe du jour,

LE PETIT *(bas)*.

O mère, hâtez votre retour,
L'alarme est à votre couvée.....

LA MÈRE,

Qu'est-ce donc?

LE PETIT.

Il a dit que, l'aurore levée,
L'on fît venir demain ses amis pour l'aider.

LA MÈRE.

S'il n'a dit que cela, ma petite alouette,
Rien ne nous presse encor de changer de retraite.
Cependant soyez gais ; voilà de quoi manger.
Dormez sans nulle inquiétude,
Suivant votre douce habitude.

(Ils dorment.)

LE PROPRIÉTAIRE.

Ces blés ne devraient pas être aujourd'hui debout,

Nos amis ont grand tort, et tort qui se repose
Sur de tels paresseux, à servir ainsi lents.
        Mon fils, allez chez nos parents
        Les prier de la même chose ;
        Ainsi ferons-nous désormais.

LES PETITS.

Il a dit ses parents, mère ! c'est à cette heure...

LA MÈRE.

        Non, mes enfants ; dormez en paix :
        Ne bougeons de notre demeure.
        Quand il reviendra, nous verrons ;
        En attendant nous dormirons.   (*Ils dorment.*)

LE PROPRIÉTAIRE.

        Enfin notre erreur est extrême
De toujours nous attendre à d'autres gens que nous.
Il n'est meilleur ami ni parent que soi-même.
Retenez bien cela, mon fils. Et savez-vous
Ce qu'il faut faire ? Il faut qu'avec notre famille
Nous prenions dès demain chacun une faucille :
C'est là notre plus court ; et nous achèverons
        Notre moisson quand nous pourrons.

LA MÈRE.

Pour le coup, c'est fini, mes chères alouettes ;
Vite, il faut déloger et partir sans trompettes.

IX. — LE COQ ET LE RENARD.

LE COQ.

Du sommet de cet arbre, où je fais sentinelle,
J'aperçois un renard, vieux, adroit et matois,
Qui vient pour me parler avec sa douce voix.

LE RENARD.

Bonjour, frère! entre nous il n'est plus de querelle;
Paix générale cette fois.

Je viens te l'annoncer; descends que je t'embrasse :
Ne me retarde point, de grâce;

Je dois faire aujourd'hui vingt postes sans manquer.
Les tiens et toi pouvez vaquer,
Sans nulle crainte, à vos affaires;
Nous vous y servirons en frères.
Faites-en les feux [1] dès ce soir;
Et cependant viens recevoir
Le baiser d'amour fraternelle.

LE COQ.

Ah! j'en suis enchanté; je ne pouvais jamais
Apprendre une plus douce et meilleure nouvelle
Que celle
De cette paix;
Et ce m'est une double joie
De la tenir de toi. Je vois deux lévriers [2],

1 Feux de joie.
2 Chiens de chasse.

Qui, je m'assure, sont courriers

Que pour ce sujet on envoie.

Ils vont vite, et seront dans un moment à nous.

Je descends : nous allons nous entre-baiser tous.

LE RENARD.

Je n'en ai pas le temps ; ma course est longue à faire :

Nous nous réjouirons du succès de l'affaire

Une autre fois, Adieu.

LE COQ (*bas*).

Va ; je ris de ta peur,

Car c'est double plaisir de tromper un trompeur.

X. — LE RENARD, LE LOUP ET LE CHEVAL.

LE RENARD,

Frère loup, accourez ; venez voir de vos yeux

Le plus bel animal que j'aie vu de ma vie.

Pour moi, j'en ai la vue encor toute ravie.

LE LOUP.

Est-il plus fort que nous ? semble-t-il vigoureux ?

Fais-moi son portrait, je te prie.

LE RENARD.

Si j'étais peintre, aussi bien que renard,

Je vous le ferais sans retard.

Mais venez ; car peut-être est-ce une proie

Que la fortune nous envoie.

Approchons-nous. (*Au cheval.*) Seigneur, vos humbles
[serviteurs
Apprendraient volontiers comment on vous appelle.

LE CHEVAL.

Lisez mon nom, jeunes messieurs ;
Mon cordonnier l'a mis autour de ma semelle.

LE RENARD.

Seigneur, excusez-moi, je manque de savoir ;
Car mes parents, hélas ! ne m'ont point fait instruire;
Ils sont pauvres, et n'ont qu'un trou pour tout avoir ;
Ceux du loup, gros messieurs, l'ont fait apprendre à
[lire.

LE CHEVAL.

Messire loup, venez ;

Approchez, et lisez.

(Il lui pousse une ruade qui lui casse les dents.)

LE RENARD.

Frère, ceci nous justifie
Ce que m'ont dit des gens d'esprit :
Cet animal vous a sur la mâchoire écrit
Que de tout inconnu le sage se défie.

XI. — LE PETIT POISSON ET LE PÊCHEUR.

LE PÊCHEUR.

Petit poisson deviendra grand,
Si le bon Dieu lui prête vie;
Mais le lâcher en attendant,
Je tiens pour moi que c'est folie.
Car de le rattraper il n'est pas trop certain.
Qu'ai-je tiré de la rivière?
Un carpeau qui n'est encor que frétin [1];
Mais tout fait nombre : entrez dans notre gibecière;
Voilà commencement de chère [2] et de festin.

LE POISSON.

Messire, quelle pauvre chère!
Que ferez-vous de moi! Je ne saurais fournir
Au plus qu'une demi-bouchée.
Laissez-moi carpe devenir :
Je serai par vous repêchée;
Quelque gros partisan [3] m'achètera bien cher,
Au lieu qu'il vous en faut chercher
Peut-être encor cent de ma taille,
Pour faire un plat : quel plat! croyez-moi, rien qui [vaille.

[1] Une petite carpe, un tout petit poisson.
[2] Régal.
[3] Anciennement financier très-riche.

LE PÊCHEUR.

Poisson, mon bel ami, qui faites le prêcheur,
    Vous aurez beau dire,
   On vous mangera de bon cœur ;
  Dès ce soir on vous fera frire.
Un *Tiens* vaut, ce dit-on, mieux que deux *Tu l'auras :*
   L'un est sûr, l'autre ne l'est pas.

XII. — LE CHAT, LA BELETTE ET LE PETIT LAPIN.

LA BELETTE.

Je veux un logis, sans payer
  Ni maison, ni loyer.
  Il faut être rusée ;
 Du palais d'un jeune lapin
Je vais m'emparer ce matin.
La chose n'est pas malaisée :
Je m'établis chez lui, sans gêne, au point du jour,
Pendant qu'il fait gaîment à l'aurore sa cour,
  Parmi le thym et la rosée.
Quand il aura brouté, trotté, fait tous ses tours,
Et qu'il voudra rentrer aux souterrains séjours,
  J'aurai le nez à la fenêtre
  Et je lui montrerai les dents.
  Le voici : prenons les devants.

LE LAPIN.

O dieux hospitaliers ! [1] que vois-je ici paraître ?
Quel ennemi perfide usurpe mon logis ?
Hola ! madame la belette,
Que l'on déloge sans trompette,
Ou je vais avertir tous les rats du pays [2].

LA BELETTE.

Quoi ! ne savez-vous pas, bel ami, que la terre
Doit être au premier occupant ? [3]
D'ailleurs, quel beau sujet de guerre
Qu'un logis dans lequel on n'entre qu'en rampant ?
Et quand ce serait un royaume,
Je voudrais bien savoir encore quelle loi
En a pour toujours fait l'octroi [4]
A Jean, fils ou neveu de Pierre ou de Guillaume,
Plutôt qu'à Paul, plutôt qu'à moi.

LE LAPIN.

Ignorez-vous la coutume et l'usage ?
Ce sont leurs lois qui m'ont de ce logis
Rendu maître et seigneur, et qui, de père en fils,
L'ont de Pierre à Simon, puis à moi Jean, transmis.
Le premier occupant est-ce une loi plus sage ?

1 Les païens adoraient des divinités protectrices du foyer.
2 Les rats sont ennemis des belettes.
3 A celui qui s'en empare le premier.
4 Don, présent.

LA BELETTE.

Or, bien, sans crier davantage,

Rapportons-nous à Raminagrobis.

Vous le savez, c'est un dévot ermite,

Un chat faisant la chattemite,

Un saint homme de chat, bien fourré, gros et gras,

Arbitre expert sur tous les cas.

LE LAPIN.

Eh bien ! pour juge je l'agrée ;

Rendons-nous de ce pas

Devant sa majesté fourrée.

LE CHAT.

Approchez, mes amis, venez ; ne craignez pas.

Approchez, je suis sourd. Les ans en sont la cause.

Parlez ; voulez-vous quelque chose ?

LE LAPIN (*s'approchant*).

Messire, j'avais ma maison

Tout auprès de cette prairie...

LA BELETTE (*s'approchant*).

Il la possédait sans raison,

Vous entendrez ma plaidoirie.....

LE LAPIN.

C'est la maison de mes aïeux.

LE CHAT.

Je vous mettrai d'accord en vous croquant tous deux.

(*Il les sàisit et entraîne, pendant qu'ils crient :*

Couic ! couic !....)

XIII. — L'Écureuil, le Chien et le Renard.

LE CHIEN.

Point d'auberge en ce bois; nous aurons de la peine
    A trouver où nous bien coucher.
Ami, grimpe là-haut; tu pourras t'y nicher;
Et, pour moi, je choisis le creux de ce vieux chêne,
    Pour y dormir en paix : Bonsoir.
      (Silence.)

LE RENARD *(cherchant.)*

Bon ! c'est un écureuil ; tâchons de le surprendre,
    En le décidant à descendre.
Que faire ? le tromper par quelque beau discours.
      (Haut.)
    Ami, pardonnez, je vous prie,
Si de votre sommeil j'ose troubler le cours ;
Mais le pieux transport dont mon âme est remplie
Ne peut se contenir : je suis votre cousin
      Germain ;
Votre mère était sœur de feu mon digne père.
Cet honnête homme, hélas ! à son heure dernière,
M'a tant recommandé de chercher son neveu,
    Pour lui donner moitié du peu   [frère,
Qu'il m'a laissé de bien ! Venez donc, mon cher
    Venez, par un embrassement,
Combler le doux plaisir que mon âme ressent.

Si je pouvais monter jusqu'aux lieux où vous êtes,
Oh! j'y serais déjà, soyez-en bien certain.

L'ÉCUREUIL.

Oh ! je n'en doute pas ! Je meurs d'impatience
    De vous embrasser, mon cousin ;   [sance,
Je descends : mais, pour mieux lier la connais-
Je veux vous présenter mon plus fidèle ami,
Un parent qui prit soin de nourrir mon enfance;
Il dort dans ce trou-là : frappez un peu, je pense
Que vous serez charmé de le connaître aussi.

LE RENARD.

Voyons... Je suis trahi !   (*Le chien se jette sur lui.*)

L'ÉCUREUIL.

    Le sort, perfide bête,
Que tu me destinais, retombe sur ta tête.

XIV. — LE CHÊNE ET LE ROSEAU.

LE CHÊNE.

Hélas ! pauvre petit roseau,
Vous avez bien sujet d'accuser la nature.
Un roitelet pour vous est un pesant fardeau.
    Le moindre vent qui d'aventure
    Fait rider la face de l'eau,
    Vous oblige à baisser la tête,
Cependant que mon front, au Caucase [1] pareil,

[1] Montagne d'Asie, très-élevée.

Non content d'arrêter les rayons du soleil,
   Brave l'effort de la tempête.
Tout vous est aquilon [1]; tout me semble zéphyr;
Encor si vous naissiez à l'abri du feuillage
    Dont je couvre le voisinage,
    Vous n'auriez pas tant à souffrir;
    Je vous défendrais de l'orage.
    Mais vous naissez le plus souvent
   Sur les humides bords du royaume du vent.
La nature envers vous me semble bien injuste.

LE ROSEAU.

Votre compassion pour moi, chétif arbuste,
Part d'un bon naturel, mais quittez ce souci;
   Les vents me sont moins qu'à vous redoutables.
Je plie et ne romps pas; vous avez jusqu'ici
    Contre leurs coups épouvantables
    Résisté sans courber le dos.
Mais attendons la fin.

LE CHÊNE.

    Je pardonne ces mots
A votre peu d'expérience.

LE ROSEAU.

Bientôt nous allons constater,
Monseigneur, si Votre Éminence

1 Vent violent.
2 Vent doux.

Des vents n'a rien à redouter.

Du bout de l'horizon accourt avec furie

Le plus terrible des enfants

Que le nord ait portés jusqu'ici dans ses flancs [1].

Tenez bon ; quant à moi, je plie...

Que vois-je, hélas ? le vent redouble ses efforts,

Et fait si bien qu'il déracine

Celui de qui la tête au ciel était voisine,

Et dont les pieds touchaient à l'empire des morts ! [2]

XV. — L'Huître et les Plaideurs.

L'UN DES PLAIDEURS.

La belle huître ! Ah !..... J'en fais ma proie.

L'AUTRE PLAIDEUR.

Que faites-vous, compère ? Il faut avant savoir

Qui de nous en aura la joie.

Celui qui le premier a pu l'apercevoir

En sera le gobeur ; l'autre le verra faire.

LE PREMIER.

Si par là l'on juge l'affaire,

L'huître m'appartiendra ; j'ai l'œil bon, Dieu merci.

LE DEUXIÈME.

Je ne l'ai pas mauvais aussi,

1 Les païens croyaient que les vents étaient emprisonnés dans le sein d'une montagne.

2 Le centre de la terre, où les païens croyaient que les âmes descendaient après la mort.

Et de loin je l'ai vue avant vous, sur ma vie.

LE PREMIER.

Eh bien, vous l'avez vue; et moi, je l'ai sentie!
    Pour terminer ce différend,
Voici Perrin Dandin[1]; prenons-le pour arbitre.
    (*Le juge prend l'huître et la mange.*)

LE DEUXIÈME.

Quoi! président, vous mangez l'huître!...

LE JUGE.

Voici, plaideurs, mon jugement :
La justice vous donne à chacun une écaille,
Sans dépens; et qu'en paix chacun chez soi s'en aille.

LES PLAIDEURS.

Si c'est là, juste ciel! ce qu'on gagne à plaider,
A tout prix, entre soi mieux vaut s'accommoder.

XVI. — LE VIEILLARD ET LES TROIS JEUNES GENS.

L'UN DES JEUNES GENS.

Octogénaire[2], vous plantez?
passe encor de bâtir; mais planter à votre âge!
    Assurément vous radotez :
    Il serait peut-être plus sage

1 Président d'un tribunal.
2 Vieillard de 80 ans.

De préparer la tombe où tout droit vous allez.

    Car, au nom des dieux, je vous prie,
Quel fruit de ce labeur pouvez-vous recueillir?
Autant qu'un patriarche il vous faudrait vieillir.

    A quoi bon charger votre vie
Des soins d'un avenir qui n'est pas fait pour vous?
Ne songez désormais qu'à vos erreurs passées;
Quittez le long espoir et les vastes pensées;
    Tout cela ne convient qu'à nous.

LE VIEILLARD.

    Il ne convient pas à vous-mêmes,
Jeunes présomptueux! tout établissement
Vient tard et dure peu. La main des Parques blêmes [1]
De vos jours et des miens se joue également.
Nos termes sont pareils par leur courte durée.
Qui de nous des clartés de la voûte azurée
Doit jouir le dernier? Est-il aucun moment
Qui vous puisse assurer d'un second seulement?
Mes arrière-neveux me devront cet ombrage :
    Eh bien! défendez-vous au sage
De se donner des soins pour le plaisir d'autrui?
Cela même est un fruit que je goûte aujourd'hui :
J'en puis jouir demain, et quelques jours encore;
    Je puis enfin compter l'aurore
    Plus d'une fois sur vos tombeaux.

---

[1] Divinités qui présidaient à la vie des hommes.

De pareils accidents ne seraient pas nouveaux.

    Hélas ! sur la vie

    Bien fou qui se fie !

XVII. — L'Aveugle et le Paralytique.

L'AVEUGLE.

Je vous entends gémir : vous êtes malheureux !

Aveugle, pour ma part, je sais plaindre les autres.

J'ai mes maux, et je vois que vous avez les vôtres.

Unissons-les, mon frère ; ils seront moins affreux.

LE PARALYTIQUE.

Que dites-vous ? Hélas ! vous ignorez, mon frère,

    Que je ne puis faire un seul pas ;

    Vous-même, vous n'y voyez pas :

A quoi nous servirait d'unir notre misère?

L'AVEUGLE.

A nous aider l'un l'autre ; écoutez : à nous deux

Nous possédons le bien à chacun nécessaire ;

    J'ai des jambes, et vous, des yeux ;

Moi, je vais vous porter ; vous, vous serez mon guide :

Vos yeux dirigeront mes pas mal assurés ;

Mes jambes, à leur tour, iront où vous voudrez.

Ainsi, sans que jamais notre amitié décide

Qui de nous deux remplit le plus utile emploi,

Je marcherai pour vous, vous y verrez pour moi.

XVIII. — Les deux Paysans et le Nuage.

LE PREMIER.

Guillot, vois-tu venir là-bas
Ce gros nuage noir? C'est la marque effroyable
De grands malheurs.

LE DEUXIÈME.

Pourquoi? je ne le comprends pas.

LE PREMIER.

Pourquoi? Regarde donc; car c'est épouvantable !
Hélas !
Tout ce nuage est de la grêle
Qui va tout abîmer, vigne, avoine, froment ;
Toute la récolte nouvelle
Sera détruite en un moment.
Il ne restera rien, le village en ruine
Dans trois mois aura la famine,
Puis la peste viendra, puis nous périrons tous.

LE DEUXIÈME.

La peste, puis la mort ! doucement, calmez-vous ;
Je ne vois point cela, compère ;
Et, s'il faut vous parler selon mon sentiment,
C'est que je vois tout le contraire ;
Car ce nuage assurément
Ne porte point de grêle, il porte de la pluie.
La terre est sèche dès longtemps,

Il va bien arroser nos champs ;
Toute notre récolte en doit être embellie,
Nous aurons le double de foin,
Moitié plus de froment, de raisin abondance ;
Nous serons tous dans l'opulence,
Et rien, hors les tonneaux, ne nous fera besoin.

LE PREMIER.

C'est bien voir que cela ! tu me mets en colère.

LE DEUXIÈME.

Mais chacun a ses yeux ; je ne suis pas si sot...

LE PREMIER.

Oh ! puisqu'il est ainsi, je ne dirai plus mot ;
Attendons la fin de l'affaire ;
Rira bien qui rira le dernier.

LE DEUXIÈME.

Dieu merci,
Ce n'est pas moi qui pleure ici.
Ce coup de vent confond notre folie,
Car le nuage est emporté,
Et ton orage dissipé ;
Nos champs n'auront donc ni grêle ni pluie.

XIX. — Le Léopard et les deux Renards.

LE LÉOPARD.

Messieurs, exposez votre affaire ;

Surtout, rendez-la brève et claire,

Car je hais cet art de pédant,

Cette logique captieuse,

Qui d'une chose claire en fait une douteuse,

D'un principe erroné tire subtilement

Une conséquence trompeuse,

Et déraisonne en raisonnant.

UN DES RENARDS.

Seigneur, je tiens une école publique

Où la jeunesse apprend la rhétorique...

Ce renard, mon élève, a promis qu'il pairait [1]

Tous mes mois de leçons, à la première cause [2]

Qu'il gagnerait.

Il veut s'en dispenser par cette même clause [3].

L'AUTRE RENARD.

Si je gagne, en effet, je ne dois rien payer ;

Et cela, par votre sentence,

Puisque cette même sentence

Me dispensera de payer.

Si je perds, nulle est sa créance ;

[1] Pour *paierait*.
[2] Procès.
[3] Condition.

Car il convient que l'échéance
N'en devait arriver qu'après
Le gain de mon premier procès.
Mon dilemme [1] est bien établi.

L'AUTRE.

Non, à mon tour daignez m'entendre :
Si vous perdez, payez ; la loi l'ordonne ainsi.
Si vous gagnez, sans plus attendre,
Payez, car vous avez signé
Promesse de payer au premier plaid [2] gagné :
Vous y voilà. Je crois l'argument sans réponse.

LE PREMIER.

Eh bien ! que le juge prononce.

LE JUGE.

Puisqu'il me faut prendre enfin la parole,
Et décider : Défense à l'écolier
De continuer son métier,
Au maître, de tenir école.

XX. — LE HIBOU ET LE PIGEON.

LE HIBOU.

Joyeux pigeon, plaignez l'affreux sort d'un hibou
Vieux, infirme, souffrant, accablé de misère ;

---

1 Raisonnement à deux faces.
2 Plaidoirie, procès.

Je suis isolé sur la terre,
Et jamais un oiseau n'est venu dans mon trou
Consoler un moment ma douleur solitaire.

LE PIGEON.

A vos chagrins je compatis.
Mais je ne comprends pas qu'un pauvre grabataire
Reste seul, sans parents, sans enfants, sans amis,
Abandonné de tous.

LE HIBOU.

Je suis célibataire;
J'ai voulu du ménage éviter l'embarras,
De peur d'avoir des fils ingrats,
Méchants, d'un vilain caractère,
Libertins et mauvais sujets,
Désirant en secret le trépas de leur père;
Car c'est ainsi qu'ils sont tous faits.
Pour des parents, je n'en ai guère,
Et ne les vis jamais : ils sont durs, exigeants,
Pour le moindre sujet s'irritent,
N'aiment que ceux dont ils héritent;
Encor ne faut-il pas qu'ils attendent longtemps.
Tout frère ou tout cousin nous déteste et nous pille.

LE PIGEON.

Je ne suis pas de votre avis;
Il en est d'excellents. Mais parlons des amis,
Qui pouvaient bien pour vous remplacer la famille;

Vous avez dû, près d'eux, trouver quelques dou-
[ceurs.

LE HIBOU.

Les amis, ils sont tous trompeurs.
J'ai connu deux hiboux, qui tendrement s'aimèrent
    Pendant quinze ans, puis, sans pitié,
    Pour une souris s'égorgèrent.
    Je ne crois pas à l'amitié...

LE PIGEON.

    Mais ainsi, Dieu vous le pardonne !
    Vous n'avez donc aimé personne ?

LE HIBOU.

Ma foi, non, soit dit entre nous.

LE PIGEON.

En ce cas-là, mon cher, de quoi vous plaignez-vous ?

XXI. — LE COCHET [1], LE CHAT ET LE SOURICEAU [2].

LE SOURICEAU.

Je vais te raconter mes courses, bonne mère.
J'avais franchi les monts qui bornent cet Etat,
    Et trottais comme un jeune rat
      Qui se donne carrière,
Lorsque deux animaux m'ont arrêté les yeux :

1 Jeune coq.
{ 2 Jeune rat ou souris.

L'un d'eux, bénin et gracieux [1],

Et l'autre turbulent et plein d'inquiétude [2] ;

Il a la voix perçante et rude,

Sur la tête un morceau de chair [3],

Une sorte de bras [4] dont il s'élève en l'air,

Comme pour prendre sa volée,

La queue en panache étalée.

Ensuite il se battait les flancs avec ses bras,

Faisant tel bruit et tel fracas,   [lance,

Que moi, qui, grâce aux dieux, me pique de vail-

En ai pris la fuite de peur,

Le maudissant de très-bon cœur.

Sans lui, j'aurais fait connaissance

Avec cet animal qui m'a semblé si doux :

Il est velouté comme nous,

Marqueté, longue queue, une humble contenance,

Un modeste regard, et pourtant l'œil luisant.

Je le crois fort sympathisant

Avec messieurs les rats ; car il a des oreilles

En figure aux nôtres pareilles.

Je l'allais aborder, quand, d'un son plein d'éclat,

L'autre m'a fait prendre la fuite.

[1] Le chat.

[2] Le coq.

[3] Sa crête.

[4] Ses ailes.

LA MÈRE.

Mon fils, tu te trompais, ce doucet est un chat,

    Qui, sous son minois hypocrite,

    Contre toute ta parenté

    D'un malin vouloir est porté.

    L'autre animal, tout au contraire,

    Bien éloigné de nous mal faire,

Servira quelque jour peut-être à nos repas.

Quant au chat, c'est sur nous qu'il fonde sa cuisine.

    Garde-toi, tant que tu vivras,

    De juger les gens sur la mine.

XXII. Le Singe et le Léopard [1].

UN CURIEUX.

Le singe avec le léopard.

    Tiennent loge ouverte à la foire,

    Et s'affichent chacun à part.

Écoutons-les.

LE LÉOPARD.

    Messieurs, mon mérite et ma gloire

Sont connus en bon lieu. Le roi m'a voulu voir ;

    Et, si je meurs, il veut avoir

Un manchon de ma peau : tant elle est bigarrée,

1 Ils sont montés sur des traiteaux et haranguent la foule
des curieux.

Pleine de taches, marquetée,

Et vergetée, et mouchetée !

LE CURIEUX.

La bigarrure un instant plaît ;

On s'en lasse, et c'est bientôt fait.

Le singe est amusant : voyons.

LE SINGE.

                     Venez, de grâce ;

Venez, messieurs ; je fais cent tours de passe-passe.

Cette diversité dont on vous parle tant,

Mon voisin léopard l'a sur soi seulement :

Moi, je l'ai dans l'esprit. Votre serviteur Gilles [1],

     Cousin et gendre de Bertrand,

     Singe du pape en son vivant,

     Tout fraîchement en cette ville

Arrive en trois bateaux, exprès pour vous parler ;

Car il parle, on l'entend : il sait danser, baller [2],

     Faire des tours de toute sorte,

Passer en des cerceaux ; et le tout pour six blancs [3] ;

Non, messieurs, pour un sou ; si vous n'êtes contents,

Nous rendons à chacun son argent à la porte.

LE CURIEUX.

Je crois qu'il a raison ; ce n'est pas sur l'habit

Que la diversité me plaît, c'est dans l'esprit.

---

1 Nom qu'il prend.

2 Vieux mot, danser, sauter.

3 Vieille monnaie, 12 à 13 centimes .

L'une fournit toujours des choses agréables ;
L'autre, en moins d'un moment, lasse les regardants.
Oh! que de vaniteux, au léopard semblables,
    N'ont que l'habit pour tous talents.

XXIII. L'Avare qui a perdu son Trésor.

L'AVARE.

Quelle douleur ! quel malheur effroyable !
    Je suis confondu !
    Oui, j'ai tout perdu !
La vie, hélas! ne m'est plus supportable.

UN PASSANT.

Ami, pourquoi ces lamentables cris ?

L'AVARE.

C'est mon trésor que l'on m'a pris!...

LE PASSANT.

Votre trésor ? où pris ?

L'AVARE.

Tout joignant [1] cette pierre.

LE PASSANT.

Eh ! sommes-nous en temps de guerre,

(1) Près.

Pour l'apporter si loin? N'eussiez-vous pas mieux fait
De le laisser chez vous, en votre cabinet,
   Que de le changer de demeure?
Vous auriez pu sans peine y puiser à toute heure.

L'AVARE.

A toute heure, bons dieux! ne tient-il qu'à cela?
   L'argent vient-il comme il s'en va?
Je n'y touchais jamais.

LE PASSANT.

      Dites-moi donc de grâce
Pourquoi vous vous affligez tant :
Puisque vous ne touchiez jamais à cet argent,
   Mettez une pierre à la place;
   Elle vous vaudra tout autant.

XXIV. — ULYSSE ET SES COMPAGNONS [1].

ULYSSE.

Compagnons, quel affreux breuvage
De telle sorte a pu changer votre visage?
Tous vous avez les traits d'animaux différents :

[1] Il est raconté dans la Fable que les compagnons d'Ulysse, roi d'Ithaque, en revenant du siége de Troie, furent changés en bêtes par un breuvage que leur fit boire Circé, fameuse magicienne.

Vous voilà devenus ours, lions, éléphants, [énorme,
Loups, chiens, pourceaux, les uns sous une masse
   Les autres sous une autre forme.
Mais je puis vous sauver ; et je viens vous l'offrir.
Cher lion, voulez-vous homme redevenir?
   On vous rend déjà la parole.

LE LION.

   Je n'ai pas la tête si folle ;
Moi, renoncer aux dons que je viens d'acquérir !
J'ai griffe et dents, et mets en pièces qui m'attaque.
Je suis roi : deviendrai-je un citoyen d'Ithaque [1] ?
Tu me rendrais peut-être encor simple soldat :
   Je ne veux point changer d'état.

ULYSSE.

Adressons-nous à l'ours : Est-ce bien toi, mon frère ?
Comme te voilà fait ! je t'ai vu si joli !

L'OURS.

   La belle raison que voici !
   Je suis fait à ma manière.
Comme me voilà fait ! comme doit être un ours.
Qui t'a dit qu'une forme est plus belle qu'une autre ?
   Est-ce à la tienne à juger de la nôtre?
   L'homme en cela se trompe tous les jours.
Te déplais-je ? Va-t-en, suis ta route et me laisse.

____

[1] Ile de la Grèce, sa patrie.

Je vis libre, content, sans nul soin qui me presse ;
Et te dis tout net et tout plat :
Je ne veux pas changer d'état.

ULYSSE.

Et toi, loup, mon ami, je t'ai connu plus sage ;
Quitte ce vilain air, cet amour du carnage,
Tous ces attributs d'un vaurien,
Et redeviens homme de bien.

LE LOUP.

En connais-tu beaucoup ? Pour moi, je n'en vois guère ;
Tu t'en viens me traiter de bête carnassière ;
Mais pour un mot parfois vous vous étranglez tous ,
Ne vous êtes-vous pas l'un à l'autre des loups ?
Tout bien considéré, je te soutiens en somme,
Que, scélérat pour scélérat,
Il vaut mieux être un loup qu'un homme :
Je ne veux point changer d'état.

ULYSSE.

A les transformer je renonce,
Tous me feraient même réponse.
Quand le cœur s'abandonne aux appétits brutaux,
Les plus vils plaisirs font ses délices suprêmes ;
Il ose dédaigner la gloire des dieux mêmes,
Et sans honte descend au rang des animaux.

XXV. — Le Chien coupable.

LE PREMIER AGNEAU.

Mon frère, sais-tu la nouvelle?
Mouflar, le bon Mouflar, de nos chiens le modèle,
Si redouté des loups, si soumis au berger,
   Mouflar vient, dit-on, de manger
Le petit agneau noir, puis la brebis sa mère,
Et puis sur le berger s'est jeté furieux.

LE DEUXIÈME AGNEAU.

Serait-il vrai?

LE PREMIER.

Très-vrai, mon frère.

LE DEUXIÈME.

A qui donc se fier, grands dieux !

LE PREMIER.

J'ai vu tous les moutons consternés dans la plaine ;
   Car la nouvelle est trop certaine ;
   Mouflar, sur le fait même pris,
   N'attend plus qu'un juste supplice.
Le maître irrité veut qu'une prompte justice
   Effraye les chiens du pays ;
   La procédure en est déjà finie ;
Mille témoins pour un déposent l'attentat :

Récolés, confrontés, aucun d'eux ne varie ;
Mouflar est convaincu du triple assassinat :
Mouflar recevra donc deux balles dans la tête,

    Tout à l'heure, et dans ce lieu-ci;

    A son supplice qui s'appréte

Nous pourrons assister, en demeurant ici.

LE DEUXIÈME.

Ami, quel est ce groupe qui s'avance ?

Je vois Mouflar escorté d'animaux,

De chiens nombreux, de brebis et d'agneaux,

Tous consternés, dans un profond silence.

Le coupable est conduit par deux pasteurs,

Il lève au ciel ses yeux mouillés de pleurs,

Et veut parler sans doute à l'assistance.

MOUFLAR.

O vous, qu'en ce moment je n'ose et je ne puis

Nommer, comme autrefois, mes frères, mes amis,

    Témoins de mon heure dernière,

Voyez où peut conduire un coupable désir !

De la vertu quinze ans j'ai suivi la carrière,

    Un faux pas m'en a fait sortir.

Apprenez mes forfaits. Au lever de l'aurore,

Seul, auprès du grand bois, je gardais le troupeau ;

    Un loup vient, emporte un agneau,

    Et tout en fuyant le dévore.

Je cours, j'atteins le loup, qui, laissant son festin,

Vient m'attaquer : je le terrasse,

Et je l'étrangle sur la place.

C'était bien jusque-là ; mais pressé par la faim,

De l'agneau dévoré je regarde le reste,

J'hésite, je balance... A la fin, cependant,

J'y porte une coupable dent :

Voilà de mes malheurs l'origine funeste.

La brebis vient dans cet instant,

Elle jette des cris de mère...

La tête m'a tourné, j'ai craint que la brebis

Ne m'accusât d'avoir assassiné son fils,

Et, pour la forcer à se taire,

Je l'égorge dans ma colère.

Le berger accourait, armé de son bâton ;

N'espérant plus aucun pardon,

Je me jette sur lui : mais bientôt on m'enchaîne,

Et me voici prêt à subir

De mes crimes la juste peine.

Apprenez tous du moins, en me voyant mourir,

Que la plus légère injustice

Aux forfaits les plus grands peut conduire d'abord,

Et que, dans le chemin du vice,

On est au fond du précipice,

Dès qu'on met le pied sur le bord.

XXVI. — Les Animaux malades de la Peste.

UN ENVOYÉ ROYAL.

Envoyé par vos ordres, Sire,
J'ai parcouru tout votre empire,
Et j'ai trouvé partout l'angoisse et la terreur.
La peste, que sans doute un Dieu dans sa fureur
Inventa pour punir les crimes de la terre,
L'affreuse peste fait aux animaux la guerre.
Ils ne meurent pas tous, mais tous en sont frappés :
On ne les voit point occupés
A chercher le soutien d'une mourante vie ;
Nul mets n'excite leur envie.
Ni loups, ni renards, ni vautours
Ne poursuivent la douce et l'innocente proie ;
Les tourterelles ont oublié leurs amours.
Plus d'innocents plaisirs, plus de chants, plus de joie.

LE ROI-LION.

Vous l'entendez, sénateurs, mes amis
Je crois que le ciel a permis
Pour nos péchés cette infortune.
Que le plus coupable de nous
Se sacrifie aux traits du céleste courroux ;
Peut-être il obtiendra la guérison commune.
L'histoire nous apprend qu'en de tels accidents

On fait de pareils dévoûments.   [gence
Ne nous flattons donc point ; voyons sans indul-
    L'état de notre conscience.
Pour moi, satisfaisant mes appétits gloutons,
    J'ai dévoré force moutons.
    Que m'avaient-ils fait ? nulle offense ;
Même il m'est arrivé quelquefois de manger
        Le berger.
Je me dévoûrai-donc, s'il le faut ; mais je pense
Qu'il est bon que chacun s'accuse ainsi que moi ;
Car on doit souhaiter, selon toute justice,
    Que le plus coupable périsse.

LE RENARD.

Sire, foi de renard, vous êtes trop bon roi ;
Vos scrupules font voir trop de délicatesse.
Eh bien ! manger moutons, canaille, sotte espèce,
Est-ce un péché ? Non, non : vous leur fîtes , sei-
                                        [gneur,
    En les croquant, beaucoup d'honneur.
    Et quant au berger, l'on peut dire
        Qu'il était digne de tous maux,
Étant de ces gens-là qui, sur les animaux,
    Se font un chimérique empire.
Faisons aussi remise et condonation
    Des trop pardonnables offenses
    De l'ours, du tigre et des puissances,
Qui sont l'âme et l'honneur de notre nation.

3.

L'ANE.

Moi, maître Aliboron, j'ai gardé souvenance
    Qu'en un pré de moines passant,
La faim, l'occasion, l'herbe tendre, et, je pense,
    Quelque diable aussi me poussant,
Je tondis de ce pré la largeur de ma langue ;
Je n'en avais nul droit, puisqu'il faut parler net.

TOUT LE SÉNAT.

Haro ! haro ! Vilain baudet !...

L'ENVOYÉ.

Décrétez, sénateurs, que c'est un cas pendable.
Manger l'herbe d'autrui, quel crime abominable !
Vite, il faut dévouer ce maudit animal,
Ce pelé, ce galeux, d'où vient tout notre mal.

TOUT LE SÉNAT.

Nous ordonnons en justice
Qu'il soit conduit au supplice.

XXVII. — LE SINGE QUI MONTRE LA LANTERNE MAGIQUE.

Je suis le célèbre Jacqueau,
    Connu sur la place publique
Par ses sauts sur la corde et ses tours de cerceau :
Ce soir je montrerai la lanterne magique.

Messieurs les animaux,

Qui peuplez cette ville,

Chiens, chats, poulets, dindons, pourceaux,

Accourez, passez à la file.

Entrez, messieurs, entrez; le spectacle est charmant.

Je fais tout pour l'honneur, je ne prends pas d'ar-

[gent.

Spectateurs, je commence;

Daignez faire silence.

(*Il met un verre et le fait mouvoir.*)

Première scène. Est-il rien de pareil ?

Messieurs, vous voyez le soleil,

Ses rayons et toute sa gloire.

Voici présentement la lune; et puis l'histoire

D'Adam, d'Ève et des animaux...

Voyez, Messieurs, comme ils sont beaux !

Voyez la naissance du monde...

UN CHAT.

En vain j'ouvre les yeux pour les apercevoir,

Je ne vois qu'une nuit profonde;

Le dehors, le fond, tout est noir.

UN CHIEN.

En bonne vérité, de toutes les merveilles

Dont il étourdit nos oreilles,

Le fait est que je ne vois rien.

UN POURCEAU.

Ni moi non plus, voisin le chien ;
Qu'en dis-tu, dindon ?

UN DINDON.

Moi, je vois bien quelque chose ;
Mais je ne sais pour quelle cause
Je ne distingue pas très-bien.

LE CHIEN.

Holà ! maître Jacqueau, grande est notre surprise !
Car nous n'y voyons point.

LE SINGE.

Pardon, Messieurs, de ma méprise.
Je n'avais oublié qu'un point
En ce qui vous concerne :
C'était d'éclairer ma lanterne.

XXVIII.— La Besace.

JUPITER.

Moi, Jupiter [1], j'ordonne à tout ce qui respire
De venir comparaître aux pieds de ma grandeur ;
Si dans son composé quelqu'un trouve à redire,
Il peut le déclarer sans peur ;

[1] Jupiter était le maître des dieux chez les païens.

Je mettrai remède à la chose.
Venez, singe ; parlez le premier, et pour cause ;
Voyez ces animaux, faites comparaison
    De leurs beautés avec les vôtres.
Êtes-vous satisfait?

LE SINGE.

        Moi, seigneur? pourquoi non?
N'ai-je pas quatre pieds aussi bien que les autres?
Mon portrait jusqu'ici ne m'a rien reproché.
Mais, pour mon frère l'ours, on ne l'a qu'ébauché ;
Jamais, s'il veut m'en croire, il ne se fera peindre.

L'OURS.

Je ne vois pas de quoi j'aurais tant à me plaindre ;
    Bien s'en faut : car je me trouve élégant
        Près de mon cousin l'éléphant.
        Pour lui, de la queue aux oreilles,
    C'est une masse informe et sans beauté.

L'ÉLÉPHANT.

Vit-on jamais audace et sottise pareilles?
    Vilain, tu peux dire avec équité
Le ciron trop petit, la baleine trop grosse ;
    Mais, quoi ! suis-je donc un colosse?

LE CIRON.

    Moi, trop petit ! Que dites-vous?
    Considérez mon élégance...

JUPITER.

Assez; vous vous ressemblez tous;
J'admire votre impertinence.
Chez autrui tout est mal, et chez vous tout est bien ;
Vous vous pardonnez tout; vous ne lui passez rien ;
Vous êtes besaciers [1], tous de même manière,
Tant ceux du temps passé que du temps d'aujourd'hui,
Gardant pour vos défauts la poche de derrière,
Et celle de devant pour les défauts d'autrui.

XXIX. — Le Léopard et l'Écureuil,

LE LÉOPARD.

Jusque sur moi [2]! quelle incroyable audace !

L'ÉCUREUIL.

Pardon , seigneur, je vous demande grâce.
Je m'amusais là-haut innocemment,
Quand cette branche a fui subitement,
Et m'a jeté confus si près de votre altesse.
Car je n'ai pas manqué de respect, mais d'adresse.

LE LÉOPARD.

Jeune étourdi, je t'apprendrai...

[1] Portant besace ou bissac.
[2] L'écureuil est tombé par mégarde sur le léopard qui dormait.

L'ÉCUREUIL.

Je suis à vos genoux...

LE LÉOPARD.

Je te donne la vie,
Mais à condition que de toi je saurai
Pourquoi cette gaîté, ce bonheur que j'envie,
Embellissent tes jours, ne te quittent jamais,
Tandis que moi, roi des forêts,
Je suis si triste et je m'ennuie.

L'ÉCUREUIL.

Monseigneur, sincère écureuil,
Je dois à votre bon accueil
La vérité : mais, pour la dire,
Sur cet arbre, un peu haut, je voudrais être assis.

LE LÉOPARD.

Soit, j'y consens : monte.

L'ÉCUREUIL.

J'y suis.
A présent je peux vous instruire :
Mon grand secret pour être heureux,
C'est de vivre dans l'innocence :
L'ignorance du mal fait toute ma science;
Mon cœur est toujours pur, cela rend bien joyeux.
Vous ne connaissez pas la volupté suprême
De dormir sans remords; vous mangez les chevreuils,

Tandis que je partage à tous les écureuils ;
Mes feuilles et mes fruits ; vous haïssez, et j'aime ;
Tout est dans ces deux mots. Soyez bien convaincu
De cette vérité que je tiens de mon père :
Lorsque notre bonheur nous vient de la vertu,
La gaîté vient bientôt de notre caractère.

XXX. La Mère, l'Enfant et le Lis.

L'ENFANT.

Maman, la belle fleur !
Quel est son nom ?

LA MÈRE.

Un lis.

L'ENFANT.

Quelle blancheur !
Je voudrais bien en avoir un semblable.

LA MÈRE.

S'il vous est agréable,
Je vous le donne, à la condition
Que vous le garderez avec précaution,
Pour qu'il ne perde pas sa blancheur éclatante.

L'ENFANT.

Je vous promets que je l'arroserai,

Et, chaque jour, le soignerai,
Afin que vous soyez contente.

LA MÈRE.

Ma fille, hélas ! d'un bien plus précieux
Votre beau lis est l'image et l'emblème ;
Devinez, il est en vous-même,
C'est un riche présent des cieux.

L'ENFANT.

Dites-le-moi.

LA MÈRE.

Ce bien par excellence,
O mon enfant ! c'est l'innocence,
Dont le lis blanc nous peint la pureté,
Et dont un rien peut ternir la beauté.
Veillez sur elle,
Soyez fidèle ;
Et par elle dans votre cœur
Vivront la paix et le bonheur.

L'ENFANT.

Oui, toute ma vie,
O maman chérie !

(*Elles s'embrassent.*)

XXXI. — Le Coucou et l'Hirondelle.

LE COUCOU.

Bonjour, voyageuse éternelle,
Qui revenez des royaumes lointains.
Racontez-moi quelque bonne nouvelle,
Des faits curieux et certains.
Car ces pays, mon aimable commère,
Me sont connus ; oui, partout j'ai su plaire,
Partout j'ai des amis et des admirateurs.
En tout lieu, que dit-on de nos plus beaux chanteurs ?
La voix du rossignol, qu'on disait si brillante,
Est-elle aussi vantée ?

L'HIRONDELLE.

Oui, partout elle enchante ;
Il est encor le héraut du printemps,
L'âme des plus riants ombrages,
Le chantre roi, dont les accents
N'ont pas d'égaux en nos charmants bocages.

LE COUCOU.

Et la fauvette ?

L'HIRONDELLE.

Elle a son prix.
Sa gorge noire et son gentil corsage

Lui font un grand nombre d'amis ;
On chérit encor son ramage.

LE COUCOU.

Et de moi, que dit-on ?

L'HIRONDELLE.

De vous ? oh ! rien du tout.
On n'y songe pas même.

LE COUCOU.

Est-ce bien sûr, ma bonne ?

L'HIRONDELLE.

Oui, vraiment.

LE COUCOU.

Les ingrats ! ils me poussent à bout.
Eh bien ! je parlerai toujours de ma personne.

L'HIRONDELLE.

Prenez-y garde, ami ; ce dépit orgueilleux
Peut d'un joli coucou faire un fat ennuyeux.

XXXII. — La Rissole et Merlin.

LA RISSOLE.

Bonjour, mon camarade :
J'entre sans dire gare et cherche à m'informer
Où demeure un monsieur que je ne puis nommer :
Est-ce ici ?

MERLIN.

Quel homme est-ce?

LA RISSOLE.

Un bon vivant, alègre,
Qui n'est grand ni petit, noir ni blanc, gras ni mai-
J'ai su de son libraire, où souvent je le vois,   gre.]
Qu'il fait jeter en moule un livre tous les mois.
C'est un vrai juif errant, qui jamais ne repose.

MERLIN.

Dites-moi, s'il vous plaît, voulez-vous quelque chose?
L'homme que vous cherchez est mon maître.

LA RISSOLE.

Est-il là?

MERLIN.
Non.
LA RISSOLE.

Tant pis je voulais lui parler.

MERLIN.

Me voilà;

L'un vaut l'autre. Je tiens un registre fidelle [1],
Où, chaque heure du jour, j'écris quelque nouvelle :
Fable, histoire, aventure, enfin quoi que ce soit,
Par ordre alphabétique est mis en son endroit.
Parlez.

LA RISSOLE.

Je voudrais bien être dans le *Mercure* [2].
J'y ferais, que je crois, une bonne figure.
Tout à l'heure, en buvant, j'ai fait réflexion
Que je fis autrefois une belle action;
Si le roi la savait, j'en aurais de quoi vivre;
La guerre est un métier que je suis las de suivre.
Mon capitaine, instruit du courage que j'ai,
Ne saurait se résoudre à me donner congé.
J'en enrage.

MERLIN.

Il fait bien; donnez-vous patience...

LA RISSOLE.

Morbleu! je ne saurais avoir ma subsistance.

MERLIN.

Il est vrai; le pauvre homme! il fait compassion.

LA RISSOLE.

Or donc, pour en venir à ma belle action,

(1) On écrit aujourd'hui fidèle.
(2) Journal de cette époque.

Vous saurez que toujours je fus homme de guerre,
Et brave sur la mer autant que sur la terre.
J'étais sur un vaisseau quand Ruyter [1] fut tué,
Et j'ai même à sa mort le plus contribué :
J'allai chercher le feu que l'on mit à l'amorce
Du canon qui lui fit rendre l'âme par force.
Lui mort, les Hollandais souffrirent bien des mals ;
On fit couler à fond les deux vice-amirals.

MERLIN.

Il faut dire des maux, vice-amiraux : c'est l'ordre.

LA RISSOLE.

Les vice-amiraux donc ne pouvant plus nous mordre,
Nos coups aux ennemis furent des coups fataux ;
Nous gagnâmes sur eux quatre combats navaux.

MERLIN.

Il faut dire fatals et navals : c'est la règle.

LA RISSOLE.

Les Hollandais réduits à du biscuit de seigle,
Ayant connu qu'en nombre ils étaient inégals,
Firent prendre la fuite aux vaisseaux principals.

MERLIN.

Il faut dire inégaux, principaux ; c'est le terme.

[1] Amiral hollandais.

LA RISSOLE.

Enfin, après cela nous fûmes à Palerme [1] ;
Les bourgeois à l'envi nous firent des régaux.
Les huit jours qu'on y fut furent huit carnavaux.

MERLIN.

Il faut dire régals et carnavals.

LA RISSOLE.

Oh ! dame,
M'interrompre à tous coups, c'est me chiffonner l'âme,
Franchement.

MERLIN.

Parlez bien. On ne dit point navaux,
Ni fataux, ni régaux, non plus que carnavaux :
Vouloir parler ainsi, c'est faire une sottise.

LA RISSOLE.

Eh ! maraud, comment donc voulez-vous que je dise ?
Si vous me reprenez lorsque je dis des mals,
Inégals, principals, et des vice-amirals ;   [tendre,
Lorsqu'un moment après, pour mieux me faire en-
Je dis fataux, navaux, devez-vous me reprendre ?
J'enrage de bon cœur, quand je trouve un trigaud
Qui souffle tout ensemble et le froid et le chaud.

MERLIN.

J'ai la raison pour moi, qui me fait vous reprendre,

1 Ville de Sicile.

Et je vais clairement vous le faire comprendre :
Il est un singulier dont le pluriel fait *aux* ;
On dit : c'est mon égal et ce sont mes égaux.
C'est l'usage.

LA RISSOLE.

L'usage ? Eh bien ! soit ; je l'accepte.

MERLIN.

Fatal, naval, régal, sont des mots qu'on excepte.
Pour peu qu'on ait de sens, ou d'érudition,
On sait que chaque règle a son exception ;
Par conséquent on voit par cette raison seule...

LA RISSOLE.

J'ai des démangeaisons de te casser la gueule.

MERLIN.

Vous !

LA RISSOLE.

Oui, mil' bombes ! moi ; je n'aime point du tout
Qu'on me berce d'un conte à dormir tout debout ;
Lorsqu'on veut me railler, je donne sur la face.

MERLIN.

Et tu crois au Mercure occuper une place ?
Toi ? tu n'y seras point, je t'en donne ma foi.

LA RISSOLE.

Maraud, je me bats l'œil [1] du Mercure et de toi.

---

[1] Je me moque.

Pour vous faire dépit, tant à toi qu'à ton maître,
Je déclare à tous deux que je n'y veux pas être.
Plus de mille soldats en auraient acheté,
Pour voir en quel endroit la Rissole eût été ;
C'était argent comptant, j'en avais leur parole.
Adieu, pays ; c'est moi qu'on nomme la Rissole ;
Ces bras te deviendront ou fatals ou fataux.

MERLIN.

Adieu, guerrier fameux par des combats navaux.

BOURSAULT.

DEUXIÈME PARTIE.

Dialogues en prose.

I. — PARLER FRANÇAIS.

ALFRED.

Auguste, menez-nous avec vous au château de X*, où vous allez faire une si belle partie de plaisir.

AUGUSTE.

Oui, vraiment ! présenter à ces messieurs et à ces dames des marmots d'écoliers qui ne savent pas seulement parler français : ce serait bien intéressant !

HENRI.

Parler français ? Nous savons aussi bien notre grammaire que vous, qui faites tant le fier.

AUGUSTE.

Voyons un peu : celui qui pourra me répondre pendant trois minutes sans faire de fautes, je le mènerai avec moi.

ALFRED.

Ce n'est pas difficile.

AUGUSTE.

Alfred, à quelle heure votre frère est-il arrivé, l'autre nuit ?

ALFRED.

Vers les minuit.

AUGUSTE.

Ah ! je ne savais pas qu'il y en eût plusieurs : *Vers les minuit !...* Dites donc *vers minuit.* Était-ce exactement à minuit ?

ALFRED.

Oui, à minuit précise.

AUGUSTE.

Est-ce que minuit est du féminin ? Dites *précis.*

ALFRED.

Ah! tant pire !

AUGUSTE.

Ce n'est pas *tant pire,* mais *tant pis;* car *pire* est un adjectif. Le voyez-vous bien? vous ne savez pas un mot de français.

ALFRED.

Je me suis trompé ; mais essayez encore.

AUGUSTE.

Eh bien ! soit. Pourquoi n'avez-vous pas attendu votre frère ? car vous étiez couché, quand il est arrivé.

ALFRED.

J'avais trop envie de dormir ; je l'avais attendu une grande heure de temps.

AUGUSTE.

Voilà deux fautes, au lieu d'une : on ne dit pas *j'avais trop envie, trop* ne modifie jamais un substantif, il fallait dire *trop grande envie.* Puis le bon sens ne permet pas de dire *une heure de temps ;* toutes les heures ne sont-elles pas du temps ? Il est aussi niais de dire *une heure de temps* que *le fils de son père.*

ALFRED.

Ah ! je me fiche pas mal de votre promenade ! allez-y tout seul.

(Il se retire.)

AUGUSTE.

C'est encore mieux ; vous faites comme le Renard, qui ne pouvait pas atteindre les raisins : « Ils étaient trop verts. »

HENRI.

A mon tour ; j'espère que vous ne m'y prendrez pas.

AUGUSTE.

C'est malheureusement douteux. Racontez-nous quelle entreprise va faire monsieur votre père.

HENRI.

Ah ! c'est une affaire conséquente !

AUGUSTE.

Vous voulez dire *importante ;* car elle n'est la conséquence de rien du tout, que je sache.

HENRI.

Si vous me fixez, comme cela, je vais toujours me tromper.

AUGUSTE.

Je vous regarde, mais mon regard n'est pas un clou, pour vous *fixer* à votre place; parlez plus correctement.

HENRI.

Pour son entreprise, papa va acheter des matéraux considérables.

AUGUSTE.

Vous voulez trop bien parler ; dites des *matériaux.*

HENRI.

Et dans ce moment ici, il voyage pour...

AUGUSTE.

S'il voyage, il n'est pas *ici;* dites *en ce moment-ci.*

Mais je le croyais retenu à sa campagne par une indisposition.

HENRI.

En effet, il jouit ordinairement d'une mauvaise santé.

AUGUSTE.

C'est une *jouissance* dont il se passerait bien ; pour moi, je n'y trouverais guère de plaisir.

HENRI.

Mais, depuis quinze jours, il a recouvert sa force.

AUGUSTE.

Ah oui ! avec du papier ou avec de l'étoffe ?

HENRI.

Comment ?

AUGUSTE.

Avec quoi a-t-il *couvert sa force ?*

HENRI.

Ah ! vous vous moquez ? *Il a recouvré sa force.*

AUGUSTE.

A la bonne heure ! on voit que vous avez étudié la grammaire, mais il est encore plus clair que vous ne la savez pas. Vous resterez donc ici. Au troisième.

CHARLES.

Ne cherchez pas à m'embrouiller.

AUGUSTE.

Vous voulez dire à *m'embarrasser*. J'y consens volontiers. Racontez-moi ce que vous avez vu dans la maison de campagne de votre cousin, quand vous l'avez visitée avec lui.

CHARLES.

La première chose, ce fut un gros chien, qui gardait la cour et qui avait une voix de *Centaure*.

AUGUSTE.

Je ne connais pas la voix d'un *Centaure*.

CHARLES.

Je voulais dire une voix de *Stentor*, ce guerrier grec qui faisait autant de bruit que cinquante hommes, au siége de Troie.

AUGUSTE.

A la bonne heure, voilà de l'érudition. Qu'avez-vous mangé au dîner ?

CHARLES.

Ah ! quelque chose de bon : un dinde rôti.

(Il se lèche les lèvres.)

AUGUSTE.

Dinde est du féminin, petit gourmand ! Et après cela ?

CHARLES.

De bonnes légumes, dont je ne sais pas le nom.

AUGUSTE.

Légume est du masculin, mauvais écolier ! Avez-vous vu de belles choses dans cette propriété ?

CHARLES.

Oui, de beaux armoires dans les chambres, et un joli jeu d'eau dans le jardin.

AUGUSTE.

Ne savez-vous pas que *armoire* est du féminin, et qu'on dit un *jet d'eau*, mais non un *jeu d'eau*.

CHARLES.

Je vous demande excuse, je l'avais oublié.

AUGUSTE.

Je n'ai pas *d'excuse à vous faire* et je ne vous en ferai pas, ne m'en *demandez* donc point.

CHARLES.

Je me trompe ; mais vous ne me passez rien.

AUGUSTE.

Racontez-nous votre retour, à présent.

CHARLES.

C'est le plus drôle de l'affaire : nous étions douze dans une grande *omnibus*.

AUGUSTE.

Dites *un grand omnibus ;* c'est du masculin.

CHARLES.

Et comme nous traversions une rue très-passa-
gère...

AUGUSTE.

Dites une rue *très-fréquentée*, c'est le terme.

CHARLES.

Nous avons culbuté une petite voiture, qui en a
arrêté une foule d'autres ; les cochers se fâchaient et
criaient, c'était une cacaphonie affreuse. La police
est accourue pour rétablir le désordre...

AUGUSTE.

Vous voulez dire *pour rétablir l'ordre*, sans
doute ?...

CHARLES.

Oui, méchant ! Vous m'impatientez.

AUGUSTE.

Et *cacophonie* ; car ces vilaines syllables *caca* ne
sont pas de mise ; elles expriment une idée trop
désagréable : *caca !*... Pour en finir, je ne veux point
mener avec moi un bambin qui fait *caca* sans s'en
apercevoir. Adieu, mes petits amis ; apprenez votre
grammaire française, avant de prétendre aller en
bonne compagnie.

II. — Une leçon de Déclamation.

LE MAÎTRE.

Celui qui récitera le mieux la fable *du Corbeau et du Renard* aura l'honneur de la déclamer (à la Distribution des prix). L'avez-vous tous étudiée, comme je vous l'avais recommandé ?

TOUS.

Oui, oui, monsieur.

LE MAÎTRE.

La savez-vous tous parfaitement ?

TOUS.

Oui, monsieur.

LE MAÎTRE.

Voyons donc. Jules, commencez, et vous, soyez attentifs.

JULES.

« Le le le le Corbeau et é é é é le Renard. »

LE MAÎTRE.

Allons, récitez posément et sans hésitation

JULES.

« Maître Co Co Co Co Corbeau, su su su su sur un arbre perché.

« Tenait tenait tenait te te te te tenait en sa bouche... »

LE MAÎTRE.

« En son bec, » et n'hésitez pas comme cela; arrêtez-vous plutôt, quand vous ne savez pas, jusqu'à ce que la mémoire vous revienne ou que je vous aide. Continuez.

JULES.

« En son bec un fromage. »

LE MAÎTRE.

Très-bien; coutinuez de cette manière.

JULES.

« Maître e e e, maître e e e, maître Renard e e e, maître Renard, maître Renard... »

LE MAÎTRE.

C'est la troisième fois que vous le répétez; nous l'avions entendu dès la première. Allez donc, sans vous arrêter.

JULES.

Maître Renard e e e e, maître Renard par l'odeur, l'odeur, l'odeur, par l'odeur, maître Renard par l'odeur e e e... »

LE MAÎTRE.

Allez donc : « par l'odeur alléché. »

JULES.

« Par l'odeur alléché, alléché, alléché, alléché, alléché. »

LE MAÎTRE.

« Alléché, alléché !... » Ne l'avez-vous pas assez dit ? avancez donc, mon petit ami.

JULES.

« Lui tint à peu... lui tint, lui tint, lui tint à... lui tint. »

LE MAÎTRE.

C'est assez pour vous ; nous n'en finirions pas aujourd'hui. D'ailleurs vous ne méritez pas de vous présenter devant une assemblée respectable.

Louis, à votre tour. Ne vous troublez pas, allez lentement.

LOUIS.

« Maître Corbeau, etc. »

(*Avec une telle précipitation qu'on ne l'entend pas.*)

LE MAÎTRE.

C'est trop vite ; plus lentement, plus lentement. Reprenez.

LOUIS.

« Maître Corbeau, etc. »

(*Même vitesse.*)

LE MAÎTRE.

Allez donc moins vite, vous dis-je. On n'entend

pas un mot de ce que vous dites. Allons, continuez.

LOUIS.

« Hé! bonjour, monsieur du Corbeau, etc. »
*(Un peu moins vite en commençant, puis bientôt avec
le même bredouillement.)*

LE MAITRE.

Taisez-vous, et retournez à votre place. C'est à en désespérer ; vous ne tenez aucun compte de mes avis.

Voyons, André ; vous êtes plus posé, vous vous possédez mieux ; j'espère que vous allez réciter comme il faut. Commencez, et prononcez bien distinctement.

ANDRÉ.

« Hem!... eu maître Corbeau, eu eu eu, sur un arbre perché, eu eu eu... »

LE MAITRE.

Évitez ce son désagréable du gosier, avant chaque membre de phrase. Continuez.

ANDRÉ.

« Eu, eu, tenait, eu eu, en son bec, eu eu, un fromage. »

LE MAITRE.

Ce serait bien, si vous ne disiez pas sans cesse *eu eu* ; mais ces *eu* continuels sont très-désagréables. Reposez-vous plutôt en silence, quand vous éprouvez de l'hésitation.

ANDRÉ.

« Eu, eu, maître Renard, eu eu, par l'odeur alléché... »

LE MAITRE, *en colère.*

Mais faites donc attention ; vous ne vous corrigez pas. (*L'enfant se met à pleurer.*) Vos pleurs ne remédient à rien. Quels enfants ! n'en trouverons-nous pas un qui récite passablement ?

Léon, vous apprenez ordinairement bien vos leçons ; savez-vous cette fable ?

LÉON.

Oui, Monsieur ; maman me l'a fait dire...

LE MAITRE.

Eh bien ! voyons, récitez-la avec intelligence, et prenez garde d'aller trop vite.

LÉON.

« Maître Corbeau, perché sur un arbre... »

LE MAITRE.

Dites : « sur un arbre perché. » En poésie l'inversion fait souvent mettre les mots dans un autre ordre que celui du langage ordinaire.

LÉON.

..... « sur un arbre perché, »

« Tenait en son bec un Renard.... »

LE MAITRE.

« Un fromage, » petit nigaud ! Ne savez-vous pas qu'un renard est un animal trop gros pour qu'un corbeau puisse le tenir en son bec ? Allons ! faites plus d'attention.

LÉON.

« ..... en son bec un fromage.

« Maître Renard sur un arbre perché... »

LE MAITRE.

« ..... par l'odeur alléché. »

LÉON.

« .... par l'odeur alléché,

« Lui tint à peu près ce ramage. »

LE MAITRE.

« ... ce langage : Hé ! bonjour...

LÉON.

« Bonjour, monsieur le Corbeau !

« Que vous êtes joliment beau ! »

LE MAITRE.

Ce n'est pas cela ; ce n'est pas exact, petit étourdi !

LÉON.

« Vous êtes le fini des hottes des bois. »

LE MAITRE.

O le petit sot ! Allons, vous ne savez point assez ;

asseyez-vous et renoncez à paraître devant les autres. J'espère qu'Alfred, malgré son jeune âge, va nous dédommager de toutes ces sottises, et montrer à tous ce qu'il fallait faire. Venez, mon cher ami, et n'ayez pas peur ; je vous ai entendu autrefois réciter si bien !

ALFRED, (*sur un ton uniforme et monotone.*)

« Le Corbeau et le Renard. »

« Maître Corbeau, sur un arbre perché, etc.

(*Les 4 premiers vers.*)

LE MAITRE.

Bien, mon cher enfant; mais vous n'avez pas le ton naturel. Parlez donc comme en conversation familière, quand vous saluez un de vos amis qui vient vous visiter.

« Hé ! bonjour, monsieur du Corbeau...

ALFRED, (*avec un ton excellent et quelques gestes très-naturels, jusqu'à la fin*).

« Hé ! bonjour, monsieur du Corbeau ; »

« Que vous êtes joli, que vous me semblez beau ! »

(*Et le reste de la fable, à la fin du volume.*)

LE MAITRE.

C'est très-bien, mon cher Alfred ; je vous donnerai une image, et vous déclamerez cette fable à la prochaine distribution.

III. — Sainte Rose [1] et les roses.

LE PÈRE.

Rose, écoute-moi : une fille doit obéir à son père, Dieu le veut ainsi. Voilà dix fois que je te défends de rien donner aux pauvres sans ma permission, et tu leur donnes tout.

ROSE.

Non, bon père, je ne leur donne que de petits morceaux de pain. Ne vous fâchez point ; ils sont si malheureux, leurs petits enfants ont si grand'faim ! Cela me déchire le cœur…. Puis-je les laisser souffrir, quand ils me tendent la main en pleurant ? « Ma bonne petite demoiselle, me disent-ils, donnez-nous, le bon Dieu vous bénira. » Je me souviens alors de ce que vous m'avez dit, cher papa, que les pauvres sont les enfants chéris de Dieu, et je prends sur la table les restes qu'on jetterait peut-être aux chiens !…

LE PÈRE.

Comment ! je t'ai surprise leur donnant ton propre déjeuner, et compromettant ainsi ta santé.

ROSE.

Ah ! bon père, cela n'est arrivé que trois fois, pour

---

[1] La légende romaine suppose que sainte Rose de Viterbe n'avait pas sept ans, quand le pain qu'elle portait à des pauvres fut changé en roses, sous les yeux de son père.

une petite fille qui était pâle comme la mort et qu
n'avait pas soupé la veille.

LE PÈRE.

Et cette autre à qui tu as donné tes bas !

ROSE.

Cela ne m'est arrivé qu'une fois ; elle avait si
froid !...

LE PÈRE.

Et cette vieille femme à qui tu as laissé une de tes
robes, l'as-tu donc oublié ?

ROSE.

Cher papa, je ne l'ai plus fait depuis que vous me
l'avez défendu.

LE PÈRE.

Mais tu continues de donner du pain et mille autres
choses.

ROSE.

Plus rien que du pain, petit père, encore quand
c'est absolument nécessaire, comme vous me l'avez
permis.

LE PÈRE.

Tu abuses de cette permission, je te la retire ; je te
défends de prendre du pain sur la table, ni rien de
ce qui reste ; si je t'y prends encore, tu seras punie,
entends-tu ? *(Il sort.)*

ROSE.

Vous me faites bien du chagrin. (*Seule*) O mon Dieu, pourquoi papa a-t-il le cœur si dur?... Mais ce n'est point à moi de le juger. Il le fait pour mon bien, sans doute. Pardonnez-lui, Seigneur, de ne point aimer les pauvres. Pour moi, je les aimerai toujours, et, si je ne puis les soulager, au moins je prierai pour eux.... Que va devenir cette jeune femme et sa pauvre petite fille, à qui j'avais promis de porter le reste de mon diner? Pourquoi petit père n'est-il pas venu un quart d'heure plus tard? C'eût été fait. Mon Dieu, dois-je les laisser tout le jour sans manger? que c'est cruel!.... (*Elle réfléchit.*) Bon! il me vient une pensée : on m'a défendu de prendre du pain sur la table.... mais on n'a pas songé aux morceaux que j'ai ici cachés dans mon tablier; ils sont trop secs, on les fera tremper; je vais les porter, et ce seront les derniers.   (*Elle attache son tablier, et part,*

LE PÈRE, *revenant.*

Où vas-tu encore ?

ROSE.

Je vais voir une pauvre femme, à qui j'avais promis du pain, avant que vous me l'eussiez défendu.

LE PÈRE.

Et que lui portes-tu ?

ROSE.

Je n'ai rien pris à la table, depuis votre défense.

LE PÈRE.

Montre-moi ce que tu caches là.

ROSE.

Je vous en prie, ne regardez pas.

LE PÈRE.

Je veux le voir.

ROSE.

O mon Dieu, ayez pitié de moi !
(Elle ouvre son tablier, et il se trouve que les morceaux de pain sont changés en roses.)
Fait historique de la vie de la sainte.

LE PÈRE.

Ce sont des roses ! Qu'en veux-tu faire, de ces roses ?
(L'enfant garde le silence.)
Réponds, que veux-tu faire de ces roses ?

ROSE.

Je n'en sais rien.

LE PÈRE.

Comment ! tu n'en sais rien ?
ROSE, *aux pieds de son père.*
Pardonnez, cher papa ; je portais quelques vieux morceaux de pain que j'avais ici en réserve, et le bon Dieu, sans doute, de peur que vous me punissiez,

les a changés en roses. J'en suis tout émue... Pardonnez-moi.

LE PÈRE.

Je sais que tu ne mens jamais, mon enfant...

ROSE.

Ah! j'aimerais mieux mourir.

LE PÈRE.

Je crois donc plutôt le miracle que tu m'avoues si ingénument.... Cher petit ange, embrasse-moi. Je ne puis m'opposer à tes aumônes, puisque Dieu les approuve. Je renonce aux conseils de la sagesse humaine, et je te laisse sous la direction de son Esprit, qui saura bien éviter les abus que je craignais. Continue à vivre saintement et à soulager les pauvres, chère enfant, et prie Dieu pour ton père.

IV. — LE NID DE FAUVETTE.

SYMPHORIEN.

Maman, maman! Voyez, voyez ce que je tiens dans mon chapeau!

MADAME DE BLEVILLE.

Ha, ha! c'est une fauvette. Où l'as-tu donc trouvée?

SYMPHORIEN.

J'ai découvert ce matin un nid dans la haie du

jardin. 'ai attendu la nuit. Je me suis glissé tout doucement près du buisson ; et, avant que l'oiseau s'en doutât, paff, je l'ai saisi par les ailes.

MADAME DE BLEVILLE.

Est-ce qu'il était seul dans son nid ?

SYMPHORIEN.

Ses enfants y étaient aussi, maman. Oh ! ils sont si petits, qu'ils n'ont pas encore de plumes. Je ne crains pas qu'ils m'échappent.

MADAME DE BLEVILLE.

Et que veux-tu faire de cet oiseau ?

SYMPHORIEN.

Je veux le mettre dans une cage, que j'accrocherai dans notre chambre.

MADAME DE BLEVILLE.

Et les pauvres petits ?

SYMPHORIEN.

Oh ! je veux aussi les prendre, et je les nourrirai. Je cours de ce pas les chercher.

MADAME DE BLEVILLE.

Je suis fâchée que tu n'en aies pas le temps.

SYMPHORIEN.

Oh ! ce n'est pàs loin. Tenez, vous savez bien le

grand cerisier? c'est tout vis-à-vis. J'ai bien remarqué la place.

MADAME DE BLEVILLE.

Ce n'est pas cela. C'est que l'on va venir te prendre, les soldats sont peut-être à la porte.

SYMPHORIEN.

Des soldats? pour me prendre?

MADAME DE BLEVILLE.

Oui, toi-même. Le roi vient de faire arrêter ton père ; et les gardes qui l'ont emmené, on dit qu'ils allaient revenir pour se saisir de toi et de ta sœur, et vous conduire en prison.

SYMPHORIEN.

Hélas, mon Dieu! que veut-on faire de nous?

MADAME DE BLEVILLE.

Vous serez renfermés dans une petite loge, et vous n'aurez plus la liberté d'en sortir.

SYMPHORIEN.

O le méchant roi !

MADAME DE BLEVILLE.

Il ne vous fera pas de mal. On vous servira tous les jours à manger et à boire. Vous serez seulement privés de votre liberté, et du plaisir de me voir. (*Symphorien se met à pleurer.*) Eh bien! mon fils, qu'as-tu donc? Est-ce un malheur si terrible d'être renfermé, quand on a toutes les nécessités de la vie? (*Les sanglots empêchent Symphorien de répondre*). Le roi en agit envers ton père, ta sœur et toi, comme tu en agis envers l'oiseau et ses petits. Ainsi, tu ne peux l'appeler méchant, sans prononcer la même chose de toi-même.

SYMPHORIEN, en pleurant.

Oh ! je vais lâcher la fauvette. (*Il ouvre son chapeau, et l'oiseau joyeux se sauve par la fenêtre.*)

MADAME DE BLEVILLE, prenant Symphorien dans ses bras.

Rassure-toi, mon fils ; je viens de te faire là un petit conte pour t'éprouver. Ton père n'est pas en prison ; et ni toi, ni ta sœur, vous ne serez renfermés. Je n'ai voulu que te faire sentir combien tu agissais méchamment, en voulant emprisonner cette pauvre petite bête. Autant tu as été affligé, lorsque je t'ai dit qu'on allait te prendre, autant l'a été cet oiseau, lorsque tu lui as ravi sa liberté. Penses-tu comme les enfants auront soupiré après leur mère, et combien celle-ci doit gémir d'être séparée d'eux ? Cela ne t'est sûrement pas venu dans l'esprit ; autrement tu n'aurais pas pris l'oiseau. N'est-il pas vrai, mon cher Symphorien ?

SYMPHORIEN.

Oui, maman ; je n'avais pensé à rien de tout cela.

MADAME DE BLEVILLE.

Eh bien! penses-y dorénavant, et n'oublie pas
ue les bêtes innocentes ont été créées pour jouir de
la liberté, et qu'il serait cruel de remplir d'amer-
tumes une vie qui leur a été donnée si courte. Tu
devrais apprendre par cœur, pour mieux t'en souvenir, une petite pièce de vers de ton ami.

SYMPHORIEN.

De l'Ami des Enfants? Oh! récitez-la-moi, je vous
en prie.

MADAME DE BLEVILLE.

Tiens, la voici :

Je le tiens, ce nid de fauvette ;
Ils sont deux, trois, quatre petits !
Depuis si longtemps je vous guette;
Pauvres oiseaux, vous voilà pris !

Criez, sifflez, petits rebelles ;
Débattez-vous, oh ! c'est en vain :
Vous n'avez pas encor vos ailes,
Comment vous sauver de ma main ?

Mais quoi ! n'entends-je pas leur mère,
Qui pousse des cris douloureux ?
Oui, je le vois ; oui, c'est leur père,
Qui vient voltiger autour d'eux.

Et c'est moi qui cause leur peine !
Moi qui, l'été dans ces vallons,

Venais m'endormir sous un chêne
Au bruit de leurs douces chansons?

Hélas! si du sein de ma mère
Un méchant venait me ravir,
Je le sens bien, dans sa misère,
Elle n'aurait plus qu'à mourir,

Et je serais assez barbare
Pour vous arracher vos enfants!
Non, non, que rien ne vous sépare ;
Non, les voici, je vous les rends.

Apprenez-leur dans le bocage
A voltiger auprès de vous ;
Qu'ils écoutent votre ramage,
Pour former des sons aussi doux.

Et moi, dans la saison prochaine,
Je reviendrai dans ces vallons,
Dormir quelquefois sous un chêne
Au bruit de leurs jeunes chansons.

BERQUIN.

V. — LE GATEAU.

PAUL.

Nous sommes les maîtres, il faut nous régaler ;
avant que maman et mes sœurs soient revenues,
nous avons le temps de fureter partout et de manger
quelques friandises. (*Apercevant un gâteau.*)Voici jus-

tement notre affaire, chers cousins! Ce gâteau paraît excellent.... Ne dirait-on pas qu'il a été fait tout exprès? Oh! la bonne découverte! Approchez, et faisons les parts.

JULES.

Pour moi, je n'en prendrai pas et j'engage mon frère à suivre mon exemple.

PAUL.

Pourquoi donc? N'est-il pas appétissant? N'en sentez-vous pas l'odeur délicieuse? Allons, ne faites point les difficiles.

JULES.

Je n'ai pas faim ; nous sortons de table.

PAUL.

Oui, mais on a toujours faim pour manger du gâteau ; d'ailleurs il ne nous a été servi rien de semblable, et ceci complétera le dessert.

JULES.

Voulez-vous que je vous parle franchement, Paul ? Je ne puis pas approuver votre gourmandise, et je croirais manquer de délicatesse envers vos parents, en trompant leur confiance.

PAUL.

Bah! vous voilà encore avec votre morale!... Si on ne jouait pas quelque petit tour, où serait le plaisir? J'en fais bien d'autres à maman, et elle ne m'en aime pas moins.

JULES.

Alors vous abusez de sa bonté! Mais Dieu punit toujours les enfants qui ne respectent pas la volonté de leurs parents, et je ne veux point mériter ses châtiments.

PAUL.

Viens, Alfred, laisse-le dire, et mangeons le gâteau à nous deux.... Quoi! tu hésites? Tu écouterais ton frère, qui fait le sage aux dépens de son ventre? C'est une sottise, crois-en ma parole.

ALFRED.

Si ma cousine allait venir et s'apercevoir....

PAUL.

Bah! bah! ne crains rien; je lui ferai un petit mensonge, et le fait passera sur le compte du chat.

(Alfred se laisse entraîner.)

JULES.

Quoi! Alfred, tu n'as pas honte de te conduire ainsi dans la maison de notre cousine?

PAUL.

Rassure-toi, je me charge de tout. De peur que ce gâteau ne te fasse mal, je vais te donner d'une excellente bouteille de vin d'Espagne, qui, je pense, a été mise dans ce coin pour les jours de grande fête. Voici un verre.... (*Il verse.*) C'est aujourd'hui, pour nous, fête de première classe. Trinquons à la santé de monsieur Jules, le sage des âges modernes !

JULES.

Riez, petits mauvais sujets ; rira bien qui rira le dernier.

PAUL.

Ah ! vous êtes prophète? dites-nous donc ce que nous avons à craindre; cela fera passer le temps, pendant que nous mangerons. Aussi bien, vous n'avez rien de mieux à faire.

ALFRED.

Mon frère Jules est toujours comme cela; il est sans cesse après moi, je ne peux rien faire qu'il n'y trouve à redire.

PAUL.

Mon cher Alfred, il faut le laisser dire, et faire à ta tête. Encore un petit verre. (*Il verse.*)

ALFRED.

Merci ; je bois celui-ci pour toi, Jules. A ta santé !

JULES.

Hâtez-vous, car je crois entendre venir quelqu'un. Voyons ce que c'est.

(*Il entr'ouvre la porte, et le père entre.*)

LE PÈRE.

Que faites-vous ici? Du gâteau! du vin!.... Petits
malheureux! Vous avez pris le gâteau et la bouteille
dans ce buffet ouvert?.... Hélas! c'est un gâteau
empoisonné, fait à l'arsenic, pour faire périr les rats
qui mangent nos pâtisseries. Vous êtes perdus!.....

PAUL ET ALFRED.

Ah! mon Dieu!....

LE PÈRE.

Et cette bouteille!.... Vous n'avez donc pas lu
l'étiquette? C'est une préparation d'opium sucrée,
qui va vous endormir pour jamais. Dans une heure
vous serez morts tous les deux.

TOUS DEUX.

Ah! hélas! hélas!... grâce! grâce!..... hélas!
ah!...   (*Ils pleurent.*)

LE PÈRE.

Jules, envoyez vite chercher un médecin, et qu'il
vienne à l'instant même avec des contre-poisons;
car tout est perdu.

PAUL.

Papa, je ne le ferai plus, u, u, u... ha! ha! ha!...

ALFRED.

Mon cousin, je vous demande pardon, on, on.....

LE PÈRE.

Il s'agit bien de cela ! le mal est fait.... Ne sentez-vous pas déjà du feu dans la gorge et des coliques dans le ventre ?

TOUS DEUX.

Hélas ! oui. (*Ils se serrent le ventre.*) Nous allons mourir.....

LE PÈRE.

Il faut promptement rejeter le poison en vous faisant vomir ; allez à la cuisine vous mettre les doigts dans la gorge, et boire quantité d'eau chaude, pour vous vider et laver à fond l'estomac, en attendant le médecin.   (*Ils sortent.*)

JULES, *rentrant.*

Mais êtes-vous bien sûr, mon cousin, que ce gâteau et ce vin soient empoisonnés ?

LE PÈRE.

Oui, certainement ; car c'est moi-même qui les ai mis sur cette planche...

JULES.

Quel malheur que vous n'ayez pas pris la clef du buffet !

LE PÈRE.

Je l'avais laissée au domestique. Pouvais-je soupçonner la gourmandise de mon fils et de votre frère ?

Ah ! malheureux enfants, vous allez en être trop cruellement punis !...

LE DOMESTIQUE.

Qu'y a-t-il donc, Monsieur ? Voilà ces deux petits messieurs qui vomissent à fendre le cœur, et qui crient comme des damnés.

LE PÈRE.

Ils ont mangé le gâteau empoisonné et bu l'opium que j'avais mis ici. Pourquoi n'en avez-vous pas gardé la clef, comme je vous l'avais tant recommandé ?

LE DOMESTIQUE.

Ah ! je respire.... c'est que j'avais mis ailleurs le gâteau empoisonné ; celui qu'ils ont mangé ne l'était pas.

LE PÈRE.

Mais la bouteille et son étiquette !

LE DOMESTIQUE.

Je l'ai transvasée, Monsieur, fort heureusement ; il n'y avait que du vin dedans. Quel bonheur !

LE PÈRE.

Alors, qu'on empêche le médecin de venir et qu'on ramène les deux enfants.   (*Le domestique sort.*)

JULES.

Ah ! quel heureux dénoûment ! Calmons notre émotion.

LE PÉRE.

La leçon ne sera peut-être pas inutile.

JULES.

Mon cher cousin, ne les grondez pas trop ; ils sont bien assez punis.

LE PÈRE.

Je veux au moins qu'ils s'en souviennent. (*Aux deux enfants avec sévérité*): Paul et Alfred, remerciez Dieu de ce que le gâteau et la bouteille d'opium avaient été changés par le domestique, à mon insu ; car vous seriez peut-être morts des suites de votre gourmandise, ou du moins vous auriez subi une cruelle maladie. Mais que cette terrible leçon vous apprenne l'obéissance et la sobriété. Vous avez mérité toute ma colère. Promettez-moi de ne jamais commettre dorénavant de faute semblable.

ALFRED ET PAUL, *à genoux.*

Oui, oui, nous le promettons.

LE PÈRE.

Je reçois votre promesse ; mais, autant pour calmer vos sens et votre estomac, que pour vous punir, je vous ordonne d'aller vous coucher de suite et de rester à la diète jusqu'à ce que je vous permette de manger. (*A Jules*) Quant à vous, Jules, qui avez seul fait votre devoir, venez vous promener avec moi. (*Ils sortent tous.*)

VI. — MAIN-CHAUDE.

LOUIS.

Qu'allons nous faire ici tous deux, Joseph? je m'ennuie..... Le temps est mauvais, on ne peut sortir; c'est assommant;

JOSEPH.

Il faut jouer.

LOUIS.

Mais nous n'avons pas de jeu.

JOSEPH.

Il faut en inventer un; voyons, cherchons bien.

LOUIS.

Je ne vois pas à quoi l'on peut jouer à deux, quand on n'a pour instruments que ses pieds et ses mains, dans une salle où l'on ne peut courir.

JOSEPH.

Tu es bien embarrassé! jouons à main-chaude.

LOUIS.

Mais, si nous ne sommes que deux, celui qui frappera sera pris à tout coup.

JOSEPH.

Eh quoi! n'avons-nous pas deux mains? Il faudra deviner laquelle des deux aura frappé.

LOUIS.

C'est bien trouvé. Je m'incline devant ton génie, et me dévoue pour commencer. Essayons tout de suite.

JOSEPH.

Soit. Étends bien la main, et ne regarde pas (*il frappe*). Devine.

LOUIS.

C'est la main droite, car elle a frappé bien fort.

JOSEPH.

Erreur, mon cher, c'est la gauche ; fais bien attention (*il frappe*).

LOUIS.

Pour le coup, c'est la droite.

JOSEPH.

Pas encore ; prends patience (*il frappe*).

LOUIS.

Définitivement, c'est la main droite.

JOSEPH.

Oui, je suis pris ; à mon tour de pâtir.

LOUIS.

Ne regarde pas (*il frappe*). Devine quelle main.

JOSEPH.

La droite.

LOUIS.

Non (*il frappe tantôt de la droite, tantôt de la gauche, et répond toujours* non, *même lorsque le patient dit vrai*). La gauche, — non. — La droite, — non. — La gauche, — non.

JOSEPH, *se retournant subitement et le prenant en flagrant délit de mensonge :*

Tu m'as trompé, le jeu n'est plus possible.

LOUIS.

C'était pour nous amuser; il fallait bien rire.

JOSEPH.

Non, Louis; le jeu n'amuse plus quand la bonne foi eñ est bannie. Si j'étais moins ton ami, je te laisserais maintenant t'amuser tout seul. Retiens au moins que les farceurs ne sont pas aimés et que personne ne veut être joué.

VII. — Les Astres.

PIERRE.

Armand, quel est donc ce *Voyage astronomique* [1], que vous lisez depuis plusieurs jours, et dans

---

[1] VOYAGE ASTRONOMIQUE, ou les merveilles de l'astronomie à la portée de tout le monde, sous une forme amusante; *par un prêtre* (in-12, Lecoffre).

lequel j'ai entrevu des figures si nombreuses? Est-ce qu'on a pu voyager dans les astres, pour voir ce qui s'y passe?

ARMAND, l'aîné.

Non, mon petit Pierre, il n'est pas même possible de parvenir jusqu'à la lune, qui est l'astre le plus rapproché de nous; mais l'auteur les a visités par l'imagination, en s'appuyant sur les connaissances astronomiques, pour rendre cette étude plus agréable et plus saisissante.

ÉDOUARD, le plus jeune.

Pourquoi ne peut-on pas monter jusqu'à la lune? J'ai vu, l'année dernière, un homme qui allait en ballon, si haut, si haut, qu'on ne le voyait presque plus.

ARMAND.

C'est que l'air, qui porte le ballon, ne s'élève pas jusqu'à la lune; mais il enveloppe la terre seulement à une hauteur de 15 à 20 lieues, tandis que la lune est éloignée de 96,000 lieues, terme moyen.

ÉDOUARD.

Oh! c'est affreux! Je ne la croyais pas si loin; on dirait qu'elle est dans les nuages.

ARMAND.

C'est une illusion, cher Édouard; les nuages ne sont qu'à quelques lieues de nous; et la lune en est si

6

éloignée qu'un boulet du canon, parti de la terre et faisant 120 lieues à la minute, mettrait près de six jours à y arriver; et le bruit de la détonation , supposé qu'il pût y parvenir, n'y serait entendu que dans treize jours.

ÉDOUARD.

C'est donc pour cela qu'on ne distingue pas très-bien la figure du bonhomme ?

ARMAND.

Il n'y a pas de bonhomme, mon cher ami ; ce sont les montagnes et les vallées qui font des ombres, dont la forme a quelque ressemblance avec une figure grossière.

ÉDOUARD.

Quoi ! des montagnes dans la lune ? Est-ce qu'elle est plus grosse qu'un potiron?

ARMAND.

Vraiment, oui; c'est une grosse boule de 800 lieues d'épaisseur, qui a des montagnes et des vallées comme la terre.

ÉDOUARD.

Ah ! je ne puis pas croire cela. Comment peut-elle tenir là haut, si elle est aussi grosse?

ARMAND.

Pauvre enfant ! Elle y est suspendue par la puissance de Dieu, qui la soutient dans l'espace, comme il y soutient la terre, le soleil et les étoiles, dont le volume est encore plus considérable. C'est la même puissance divine qui fait circuler tous ces astres dans le ciel, suivant des lois admirables ; car vous n'ignorez pas que le soleil, la terre, la lune, les planètes et pro- bablement toutes les étoiles ont du mouvement. Le lever et le coucher du soleil et de la lune vous en don- nent à la fois la preuve et l'idée.

PIERRE.

C'est vrai ; j'ai vu quelquefois, le matin, que la lune n'était plus au même endroit que le soir quand j'allais me coucher ; pour le soleil, tout le monde sait qu'il marche.

ARMAND.

Pas précisément comme on le croit, cher Pierre ; car c'est la terre qui fait le jour et la nuit, en se tour- nant devant le soleil et en lui présentant successive- meut toutes ses faces, comme une poularde à la broche tourne devant le feu et y chauffe successive- ment son pourtour. Il fait clair en face du soleil, c'est le jour : il fait sombre par derrière, c'est la nuit. Rien n'est plus simple que cette opération.

PIERRE.

Je trouve plus simple, moi, que le soleil tourne au- tour de la terre, comme tout le monde le croit.

ARMAND.

C'est que vous ignorez l'éloignement du soleil, sa

place au centre des planètes, et la mince valeur de notre terre par rapport à lui.

PIERRE.

Quelle est donc l'importance de cet astre superbe?

ARMAND.

Le soleil est plus d'un million de fois plus gros que la terre, quoiqu'elle ait 3,000 lieues d'épaisseur ; c'est au point que si on l'amenait à engloutir la terre, de manière qu'elle fût à son centre, le globe du soleil atteindrait la lune, et s'élèverait encore une fois au delà ; jugez de ses dimensions !

PIERRE.

Oh! c'est monstrueux ! Mais en est-on bien certain?

ARMAND.

Assurément; les mesures astronomiques sont incontestables en ce qui tient au volume du soleil et de la lune, comme à leur distance.

PIERRE.

Et quelle est donc sa distance?

ARMAND.

Environ 38 millions de lieues.

ÉDOUARD.

Combien faudrait-il de temps à un boulet pour l'atteindre?

ARMAND.

S'il marchait toujours avec la vitesse qu'il a en sortant du canon, il lui faudrait six ans.

ÉDOUARD.

Oh! oh! c'est effrayant!

ARMAND.

Jugez après cela, si une pareille masse, à une telle distance, pourrait faire aisément le tour de la terre en vingt-quatre heures : il lui faudrait parcourir 230 millions de lieues par jour, tandis que la terre, en se tournant doucement devant lui, opère le même effet avec une merveilleuse simplicité.

PIERRE.

Je comprends cela maintenant.

ARMAND.

Ajoutez à ces considérations que le soleil est le centre du système planétaire, c'est-à-dire qu'une quarantaine de globes assez semblables à la terre, les uns plus gros, les autres plus petits, tournent autour du soleil, comme autour d'un pivot, et se font eux-mêmes le jour et la nuit par le simple mouvement de rotation que je viens de vous expliquer. On le voit clairement avec des lunettes astronomiques. Pourquoi donc la terre, qui est un de ces globes, ne se comporterait-elle pas comme eux? Il est bien plus raisonnable de le supposer.

6.

ÉDOUARD.

Comment se fait-il que nous ne sentions pas la terre tourner, et que nous ne tombions pas, quand nous avons la tête en bas ?

ARMAND.

Vous n'avez jamais la tête en bas, cher Édouard ; car le bas, dans tous les lieux du monde, c'est le sol, et le haut, c'est le ciel. Les peuples qui sont censés au-dessous de nous, et qui ont les pieds contre les nôtres, voient le ciel au-dessus de leurs têtes, absolument comme nous. Dans l'espace, il n'y a ni haut, ni bas ; c'est une abîme immense, qui nous environne de toutes parts. Ensuite, ce qui nous empêche de sentir la terre tourner, c'est que tout tourne avec nous, les maisons, les arbres, l'air et les nuages. Il n'y a que les astres qui ne suivent pas ce mouvement ; aussi croyez-vous qu'ils marchent tandis que vous seul marchez. C'est la même illusion qu'on éprouve dans une voiture ou un bateau qui avance rapidement ; les arbres voisins paraissent courir à reculons, tandis qu'il n'y a que nous en mouvement.

PIERRE.

Toutes ces étoiles, que nous voyons au ciel, tournent-elles aussi autour du soleil ?

ARMAND.

Non, mon cher ami : il n'y a de groupés autour du

soleil que les astres appelés *planètes*; tous les autres qu'on appelle étoiles *fixes*, sont indépendants de notre soleil.

ÉDOUARD.

Elles sont donc fixes au firmament, comme des lampes au plafond?

ARMAND.

Que dites-vous là, mon cher Édouard? Il n'y a point de plafond dans le ciel, tout cela est un espace sans bornes. Ces étoiles qui vous paraissent si rapprochées, sont à des millions de lieues les unes des autres, les unes plus loin, les autres moins. Ce sont probablement des soleils comme le nôtre.

ÉDOUARD.

Oh! les jolis petits soleils! ils ne sont pas plus gros qu'une bougie.

ARMAND.

Pauvre petit! il y en a de plus gros que notre soleil, selon toutes les probabilités.

PIERRE.

Est-ce possible? Les plus belles étoiles ressemblent à de toutes petites lumières.

ARMAND.

Songez donc, mon cher ami, que leur distance est prodigieuse. On est parvenu dernièrement à mesurer celle de quelques-unes. On a trouvé que la lumière de la plus voisine met trois ans et demi à parvenir jusqu'à nous, et que celle des autres met 9 ans, 15 ans, 30 ans, 70 ans et plus, à faire le même trajet.

PIERRE.

Mais qu'elle est la vitesse de la lumière, cher Armand ?

ARMAND.

Soixante-dix-huit mille lieues par seconde, ou quatre millions six cent quatre-vingt mille lieues par minute.

ÉDOUARD.

Et notre boulet de canon, quel temps lui faudrait-il ?

ARMAND.

Des siècles, mon cher enfant.

ÉDOUARD.

Oh! que c'est étonnant! Je voudrais bien aller voir cela.

ARMAND.

Si vous servez bien le bon Dieu et si vous n'êtes point méchant, vous pourrez visiter un jour tous ces astres et voir ce qui s'y passe; je vous le promets.

ÉDOUARD.

Comment cela?

ARMAND.

Après votre mort, quand votre âme sera séparée de

votre corps, et après la résurrection générale, quand votre corps sera spiritualisé et qu'il volera partout avec l'agilité des anges.

ÉDOUARD.

Ce sera bien amusant !

ARMAND.

Sans doute ; mais, si vous êtes paresseux, menteur, ou mauvais sujet, le bon Dieu vous emprisonnera dans l'enfer, où vous ne verrez que du feu, des démons et des damnés.

ÉDOUARD

Oh ! oui, mais je n'irai pas dans l'enfer ; je veux aller au ciel avec les anges, pour qu'ils me mènent voir tout ce qu'il y a de beau dans l'univers.

ARMAND.

Vous avez raison ; c'est aussi notre désir à tous.

VIII. — Monsieur Grandcoeur, *devenu bourgeois,* et le Docteur Pancrace.

GRANDCOEUR.

Monsieur, avec votre permission, est-ce ici que demeure le docteur..... le docteur....? Tiens ! j'ai oublié son nom.

LE DOCTEUR PANCRACE.

Le docteur Pancrace peut-être?

GRANDCOEUR.

Pan?....

LE DOCTEUR.

Pancrace.

GRANDCOEUR.

Justement, Pancrace, c'est bien cela.

LE DOCTEUR.

C'est moi-même, monsieur. Asseyez-vous promptement, et parlez-moi vite; car j'ai un grand nombre de questions graves à approfondir et à discuter aujourd'hui.

GRANDCOEUR.

Monsieur, je viens vous trouver....

LE DOCTEUR.

Attendez, s'il vous plaît; on ne s'en va pas ainsi de but en blanc disserter sur une question, sans poser des principes. Procédons catégoriquement. De quelle langue voulez-vous vous servir avec moi?

GRANDCOEUR.

De quelle langue?

LE DOCTEUR.

Oui.

GRANDCOEUR.

Mais, monsieur, de quelle langue voulez-vous que je me serve, sinon de celle que j'ai dans la bouche? hé, hé, hé, hé (*il rit*), je n'irai pas emprunter celle de mon voisin, hin, hin, hin ! (*il rit.*)

LE DOCTEUR.

Je vous dis de quel idiome, de quel langage? Voulez-vous me parler italien?

GRANDCOEUR.

Non, par malheur je ne sais pas cette langue-là.

LE DOCTEUR.

Voulez-vous me parler espagnol?

GRANDCOEUR.

Non.

LE DOCTEUR.

Allemand?

GRANDCOEUR.

Non.

LE DOCTEUR.

Anglais?

GRANDCOEUR.

Non.

LE DOCTEUR.

Prussien?

GRANDCOEUR.

Non.

LE DOCTEUR.

Russe ?

GRANDCOEUR.

Non.

LE DOCTEUR.

Turc ?

GRANDCOEUR.

Non.

LE DOCTEUR.

Grec ?

GRANDCOEUR.

Non.

LE DOCTEUR.

Hébreu ?

GRANDCOEUR.

Non.

LE DOCTEUR.

Arabe ?

GRANDCOEUR.

Non.

LE DOCTEUR.

Syriaque ?

GRANDCOEUR.

Non, non, non.

LE DOCTEUR.

Hé, mais ! En quelle langue voulez-vous donc me parler ?

GRANDCOEUR.

En français, Monsieur; je ne sais que cela, encore
bien heureux !

LE DOCTEUR.

Ah ! en français ! que ne me le disiez-vous plus tôt !
En ce cas, passez de l'autre côté; car cette oreille-ci
est destinée pour les langues scientifiques et étran-
gères, et l'autre pour la vulgaire et la maternelle.

GRANDCOEUR (*bas*).

Ce Monsieur-là fait bien des cérémonies; on disait
bien que les grands esprits sont bizarres.

LE DOCTEUR.

Que voulez-vous ?

GRANDCOEUR.

Monsieur, je n'ai peut-être pas l'honneur d'être
connu de vous?

LE DOCTEUR.

Mais, Monsieur, je vois tant de visages dans mes
relations scientifiques....

GRANDCOEUR.

Je m'appelle Grandcœur.

LE DOCTEUR.

C'est un nom fort distingué.

GRANDCOEUR.

Et très-connu aujourd'hui dans le monde ; c'est un nom que je me suis donné, quand j'héritai de mon oncle, et que ma fortune me fit prendre rang dans la bonne société.

LE DOCTEUR.

J'en ai entendu dire quelque chose ; vous êtes singulièrement honoré.....

GRANDCOEUR.

Vous êtes trop bon, Monsieur ; mais voici ce qui m'amène vers vous : mes connaissances ne sont pas au niveau de ma fortune ; c'est un aveu bien pénible....

LE DOCTEUR.

Mais il n'y a pas de votre faute, sans doute ?

GRANDCOEUR.

Hé ! non, ce sont mes parents qui ont négligé....

LE DOCTEUR, *se levant brusquement.*

Ah ! parents dénaturés ! Encore un exemple d'infanticide moral ! *Sine doctrina vita est quasi mortis imago* [1]. (*Il va et vient à grands pas.*) Science, divine science, que l'on t'apprécie mal ! *O tempus, ô mores... Senatus videt !... quandiu* [2] ?...

---

1 « Sans la science, la vie ressemble presque à la mort. »
2 Paroles de Cicéron au Sénat de Rome contre Catilina : O temps, ô mœurs !... Le sénat le voit !... Jusqu'à quand le souffrira-t-il ? »

GRANDCOEUR.

Combien je sens vivement le besoin d'avoir de l'esprit !

LE DOCTEUR.

Sans cela, l'homme n'est qu'une bête.

GRANDCOEUR.

C'est ce que je me dis tous les jours. N'est-ce pas grand dommage que je n'aie point reçu d'éducation, moi qui ai une si belle fortune !

LE DOCTEUR.

Et des dispositions ! On les voit dans votre physionomie.

GRANDCOEUR.

Pas tant, malheureusement ! J'ai été quelque temps à l'école, mais mon père m'a retiré parce que je ne réussissais pas.

LE DOCTEUR.

C'est que vous aviez un mauvais maître ; il y en a tant qui ne savent pas la vraie méthode d'enseignement ! *O tempus ! o mores !* (*Il se promène*). On perd la jeunesse.... On fausse son esprit.... *Senatus videt !*... (*Il s'assied.*)

GRANDCOEUR.

Je serais bien aise d'avoir votre avis sur ce que je dois faire.

LE DOCTEUR.

Je mets toute ma science à votre disposition.

GRANDCOEUR.

Je voudrais bien apprendre ce que j'ignore, pour comprendre ce que j'entends dire tous les jours en conversation. Mais vous allez me trouver bien vieux : j'ai cinquante ans.

LE DOCTEUR.

Que dites-vous là ? c'est le bel âge pour apprendre !

GRANDCOEUR.

Vous croyez ?

LE DOCTEUR.

Avez-vous oublié Charlemagne et tant de grands hommes de son temps, qui allaient à l'école comme des enfants ? C'est le bel âge, vous dis-je ! C'est le bel âge !

GRANDCOEUR.

Je n'ai plus de mémoire.

LE DOCTEUR.

Vous en avez assez. Voyez-vous clair ?

GRANDCOEUR.

Oui, quand j'ai mes lunettes.

LE DOCTEUR.

Très-bien. Entendez-vous parfaitement ?

GRANDCOEUR.

J'ai l'oreille gauche un peu paresseuse.

LE DOCTEUR.

Ce n'est rien; ce n'est pas l'oreille de la science. Votre langue n'est pas embarrassée?

GRANDCOEUR.

Hé! non, je parle aussi librement que dans ma jeunesse.

LE DOCTEUR.

Vous avez toutes vos dents?

GRANDCOEUR.

Qu'est-ce que cela fait à notre affaire?

LE DOCTEUR.

Comment, ce que cela fait? Ne savez vous pas que la langue s'appuie contre les dents, quand on veut parler, et que l'absence de quelques dents produit dans la voix un sifflement désagréable? C'est un point capital pour un homme qui veut s'exprimer avec pureté et élégance en société.

GRANDCOEUR.

J'en ai six de moins.

LE DOCTEUR.

Il faut vous en faire mettre six en ivoire; pour un homme de votre qualité, c'est indispensable.

GRANDCOEUR.

Je le veux bien ; mais vous croyez donc que je puis encore apprendre ?....

LE DOCTEUR.

Tout ce que vous voudrez ; il suffit que vous soyez entre les mains d'un homme habile...

GRANDCOEUR.

Je ne connais personne de plus habile que vous, Monsieur ; tout le monde parle de votre mérite.

LE DOCTEUR.

Hé, hé ! J'ai bien quelque petite science !

GRANDCOEUR.

O Monsieur ! ô Monsieur ! Si j'avais seulement dans la tête tout l'esprit que vous avez dans le petit doigt, je me trouverais bien heureux.

LE DOCTEUR.

Vraiment ? Vous me flattez un peu !

GRANDCOEUR.

Du tout ! voilà ce que tout le monde dit.

LE DOCTEUR.

Tout le monde dit que je suis un savant ?

GRANDCOEUR.

Oui, le plus savant qu'on connaisse en ce pays.

LE DOCTEUR.

En ce cas ma modestie n'a plus de raison de le cacher (*il se lève et marche de long en large*). Oui, je suis le docteur Pancrace, homme de lettres, homme d'érudition, homme de suffisance, homme de capacité ; homme consommé dans toutes les sciences naturelles, morales et politiques, homme savant, savantissime, *per omnes modos et casus* (1), homme qui possède superlativement fable, mythologie et histoire ; grammaire, poésie, rhétorique, dialectique et sophistique ; mathématique, arithmétique, optique, onérocritique, physique et métaphysique ; cosmométrie, gèométrie, architecture, spéculoire et spéculatoire ; médecine, astronomie, astrologie, physionomie, métoposcopie, chiromancie, etc., etc., etc.

GRANDCOEUR.

Ah ! que c'est beau ! que c'est beau ! Faut-il que je n'aie point étudié !

LE DOCTEUR.

Vous avez déjà quelques principes, quelques éléments des sciences ?

GRANDCOEUR.

Hé ! oui, je lis dans l'almanach, je me connais aux

______

1 De toutes les manières et sur tous les cas.

jours de la lune et du soleil, et puis j'écris tout doucement.

LE DOCTEUR.

Hé bien! par où voulez-vous que nous commen-
cions? Voulez-vous que je vous apprenne la logique?

GRANDCŒUR.

Qu'est-ce que la logique?

LE DOCTEUR.

C'est ce qui enseigne les trois opérations de l'esprit.

GRANDCŒUR.

Les trois opérations de l'esprit?

LE DOCTEUR.

Oui, et ceci est admirable! savoir : la première, la
deuxième et la troisième; la première est celle de bien
concevoir par le moyen des universaux; la seconde
est de bien juger par le moyen des catégories; et la
troisième de bien tirer une conséquence par le moyen
des figures.

GRANDCŒUR.

Voilà des mots qui sont trop difficiles à retenir: ap-
prenons autre chose.

LE DOCTEUR.

Voulez-vous apprendre la morale?

GRANDCŒUR.

Oui. Qu'est-ce que c'est?

LE DOCTEUR.

Elle traite de la félicité, enseigne aux hommes à devenir meilleurs, à se corriger de leurs défauts, à modérer leurs passions, comme la colère, la haine, la vengeance, etc.

GRANDCOEUR.

Ah ! de ça, nous nous en passerons bien ; je me fâche tous les jours, sans pouvoir m'en empêcher. Voyons quelque chose de plus amusant.

LE DOCTEUR.

Est-ce la physique que vous voulez apprendre ?

GRANDCOEUR.

La physique? qu'est-ce que ça dit ?

LE DOCTEUR.

La physique est la science qui explique les principes des choses naturelles et les propriétés des corps ; qui discourt de la nature, des éléments, des métaux, des minéraux, des pierres, des plantes et des animaux, et nous enseigne les causes de tous les météores, l'arc-en-ciel, les feux-volants, les comètes, les éclairs, le tonnerre, la foudre, la pluie, la neige, la grêle, les vents, les tourbillons.

GRANDCOEUR.

Il y a trop de tintamarre là dedans, trop de brouillamini....

LE DOCTEUR.

Que voulez-vous donc que je vous apprenne?

GRANDCOEUR.

Apprenez-moi l'orthographe.

LE DOCTEUR.

Soit. Pour traiter cette matière comme il faut, il est nécessaire de commencer, selon l'ordre des choses, par une exacte connaissance de la nature des lettres et de la différente manière de les prononcer toutes. Et là-dessus j'ai à vous dire que les lettres sont divisées en voyelles, ainsi dites voyelles parce qu'elles expriment les voix, et en consonnes, ainsi appelées consonnes parce qu'elles sonnent avec les voyelles, et ne font que marquer les diverses articulations des voix. Il y a cinq voyelles ou voix : A, E, I, O, U (*fortement et lentement*).

GRANDCOEUR.

Je comprends bien ça.

LE DOCTEUR.

La voix A se forme en ouvrant fort la bouche, A

GRANDCOEUR.

A, A, oui !

LE DOCTEUR.

La voix E se forme en rapprochant la mâchoire d'en haut de celle d'en bas : A, E.

GRANDCOEUR.

A, E ; A, E ! Oui, ah ! que c'est beau !

LE DOCTEUR.

La voix I, en rapprochant encore d'avantage les mâchoires l'une de l'autre, et écartant les deux coins de la bouche vers les oreilles, A, E, I.

GRANDCOEUR.

A, E, I, I, I, I ; c'est vrai ; ah ! que c'est donc joli !

LE DOCTEUR.

La voix O se forme en rouvrant les mâchoires et en rapprochant les lèvres par les deux coins, le haut et le bas ; A, E, I, O ; cela fait un petit rond.

GRANDCOEUR.

O, O, il n'y a rien de plus vrai : A, E, I, O, I, O ; voilà qui est admirable ! I, O, I, O.

LE DOCTEUR.

La voix U, se forme en rapprochant les dents, sans les joindre entièrement, et allongeant les deux lèvres en dehors, et les rapprochant aussi l'une de l'autre, sans les joindre tout à fait : U.

GRANDCOEUR.

U, U. Oh ! que c'est donc beau de savoir quelque chose ! O mon père et ma mère, que je vous en veux de m'avoir si mal élevé !

LE DOCTEUR.

Demain nous continuerons cette importante matière (*il veut se lever*).

GRANDCŒUR.

Monsieur, avant que de vous quitter, puisque vous avez tant de bonté, je voudrais bien que vous me fissiez un compliment pour présenter à monsieur le Préfet, qui doit venir prochainement dans la commune dont je suis maire ; car vous saurez que je suis maire d'une petite commune, tout près d'ici.

LE DOCTEUR.

Ah ! vous êtes maire ? J'en felicite vos administrés.

GRANDCŒUR.

Mais je suis trop peu habile pour tourner de moi-même un compliment comme il faut ; si c'était un effet de votre bonté....

LE DOCTEUR.

C'est facile ; vous le voulez en vers, sans doute ?

GRANDCŒUR.

Non, point de vers.

LE DOCTEUR.

Vous ne voulez que de la prose ?

GRANDCŒUR.

Pas plus ; c'est un compliment que je veux.

LE DOCTEUR.

Mais il faut bien qu'il soit en vers ou en prose.

GRANDCOEUR.

Comment ?

LE DOCTEUR.

Par la raison qu'il n'y a, pour s'exprimer, que la prose ou les vers.

GRANDCOEUR.

Il n'y a que la prose ou les vers ?

LE DOCTEUR.

Sans doute, tout ce qui n'est pas prose est vers, et tout ce qui n'est pas vers est prose.

GRANDCOEUR.

Ah ! ah! et comme l'on parle, qu'est-ce que c'est donc que cela ?

LE DOCTEUR.

C'est de la prose.

GRANDCOEUR.

Quand je dis à mon chat : Veux-tu bien laisser ma soupe ! qu'est-ce que c'est ?

LE DOCTEUR,

C'est de la prose.

GRANDCOEUR,

Tiens, voila plus de quarante ans que je fais de la

prose sans le savoir! Et quand j'ai mon écharpe et que je dis : Par-devant nous maire, officier de l'état civil, sont comparus Jacques et Jean, qu'est-ce que c'est?

LE DOCTEUR.

C'est encore de la prose.

GRANDCOEUR.

Vraiment? Voilà qui est intéressant! Je m'en souviendrai. — Eh bien, pour en revenir à notre affaire, lequel est le plus beau de la prose ou des vers?

LE DOCTEUR.

Ce sont les vers, sans contredit; la prose est trop commune.

GRANDCOEUR.

Et bien, si vous voulez m'en faire un en vers, je vous serai bien obligé.

LE DOCTEUR.

Je le veux bien; mais que voulez-vous lui dire?

GRANDCOEUR.

Ah! dame, quelque chose de beau. Oh! oh!

LE DOCTEUR.

Oui, mais encore?

GRANDCOEUR.

Voilà six semaines que j'y pense. Je veux qu'il soit court, parce que je sais que les hommes d'esprit les font ainsi. Mais il y faut du sel. Voici ce que j'ai trouvé : « M. le Préfet, vos bontés sont au-dessus de nos mérites, et vos mérites au-dessus de nos louanges. » Qu'en dites-vous ?

LE DOCTEUR.

C'est bien ; mais cela aurait besoin d'être accommodé.

GRANDCOEUR.

Hé ! oui, justement ; je voudrais que ça fût mis gentiment et tourné à la belle mode.

LE DOCTEUR.

Par exemple : « Comme la rose, au lever de l'aurore, s'épanouit aux premiers rayons de l'astre du jour, ainsi mon cœur se dilate à votre aspect. »

GRANDCOEUR.

Non, non, je ne veux point de tout cela ; je ne veux que ce que j'ai dit : « Vos bontés sont au-dessus de nos mérites, et vos mérites au-dessus de nos louanges. »

LE DOCTEUR.

Il faut bien étendre un peu la chose et puis y mettre la rime....

GRANDCOEUR.

Non, non, ni rime, ni rimaille ; je ne veux que ça, mais je voudrais que cela fût bien tourné, bien arrangé, comme il faut. Dites-moi donc un peu, pour voir, les différentes manières dont on peut mettre ces mots-là.

LE DOCTEUR.

On peut les mettre premièrement comme vous avez dit : « Vos bontés sont au-dessus de nos mérites, et vos mérites au-dessus de nos louanges. »

Ou bien : « Au-dessus de nos mérites sont vos bontés, et au-dessus de nos louanges sont vos mérites. » Ou bien : « Sont au-dessus de nos mérites vos bontés, et sont au-dessus de nos louanges vos mérites. » Ou bien : « De nos mérites au-dessus sont vos bontés, et de nos louanges au-dessus sont vos mérites. » Ou bien : « Vos bontés de nos mérites au-dessus sont, et vos mérites de nos louanges au-dessus sont. » Ou bien....

GRANDCOEUR.

Bon, bon.... De toutes ces façons-là, laquelle est la meilleure ?

LE DOCTEUR.

Celle que vous avez dite : « Vos bontés sont au-dessus de nos mérites, et vos mérites sont au-dessus de nos louanges. »

GRANDCOEUR.

Voyez-vous ! Et cependant je n'ai point étudié ! Je me déflais que vous le trouveriez beau.

LE DOCTEUR.

Il y aurait bien quelques mots à changer.

GRANDCOEUR.

Non, non, vous dis-je ; je ne veux pas qu'on y change rien.

LE DOCTEUR.

Je le veux bien ; dites-le comme vous l'avez fait.

GRANDCOEUR.

Que M. le Préfet sera content, dites !

LE DOCTEUR.

Oui, mais vous en ferez de bien plus beaux dans quelque temps.

GRANDCOEUR.

Encore ? Ah ! que je suis heureux de vous avoir trouvé !

LE DOCTEUR.

Surtout ayez bien soin de repasser dans votre esprit tout ce que je vous ai dit.

GRANDCOEUR.

Je ne sais pas si je m'en souviendrai bien (*en s'en allant*) : A, E, I, O ; I, O, I, O (*avec affectation*).

(Tiré de Molière.)

IX.—Monsieur de Grandcœur, *devenu gentilhomme,*
et Jacques, *son laquais.*

M. DE GRANDCOEUR, *seul.*

Je ne sais ce qu'ont les gens d'aujourd'hui ; ils ne veulent pas oublier ce que l'on a été ! Qu'importe le passé ? N'est-on pas ce que l'on est ? Quoi ! Est-ce que la naissance y fait quelque chose ? Parce que j'ai le malheur d'être né cordonnier et d'avoir été domestique avant d'être gentilhomme, est-ce une raison pour qu'on me dédaigne et qu'on me lance de ces œillades qui me disent : « Grandcœur, nous t'avons vu domestique ! » Taisez-vous, nigauds ; non, je ne suis plus Grandcœur tout court, mais bien monsieur le baron de Grandcœur et j'ai dix mille francs de rente. *(bas)* C'est l'héritage de mon dernier maître ; mais qu'importe ? J'ai ce que j'ai, je suis ce que je suis. C'est du positif et du certain ; je me moque du qu'en dira-t-on.

Pourquoi ne s'accoutumerait-on pas à traiter moi et mes fils en gentilshommes, comme on l'a fait pour tant d'autres ? On en viendra là, et je vois que beaucoup déjà ont pour ma personne des égards qu'ils n'avaient pas. Tel qui passait autrefois à côté de moi sans se déranger, s'arrête poliment aujourd'hui et chapeau bas : « M. de Grandcœur, je suis votre très-humble serviteur! » Ah! gros comme le bras!! ah! ah! Les leçons de philosophie et d'orthographe que je reçois du docteur Pancrace; la danse, la musique, les armes que j'apprends en même temps, tout cela dans peu de mois fera de moi un homme d'importance ; et puis cet habillement que j'étrenne, qui me coûte 260 francs 50 cent. bien comptés, attirera, j'espère, l'attention, et me fera considérer des plus huppés. Allons un peu faire un tour en ville, pour qu'on le voie. Jacques !

JACQUES.

Monsieur !

M. DE GRANDCOEUR.

Voilà une heure que je t'attends.

JACQUES.

Monsieur, j'accours.

M. DE GRANDCOEUR.

Écoute....

JACQUES.

Hi hi hi hi hi (*il rit*).

M. DE GRANDCŒUR.

Qu'as-tu à rire?

JACQUES.

Hi hi hi hi hi !

M. DE GRANDCOEUR.

Que veut dire ce coquin-là?

JACQUES.

Ha! ha! ha!... comme vous voilà bâti! hi hi...

M. DE GRANDCOEUR.

Comment donc?

JACQUES.

Ah! Monsieur, ha ha ha ha !

M. DE GRANDCOEUR.

Quel fripon est-ce là? Te moques-tu de moi?

JACQUES.

Nenni, Monsieur, j'en serais bien fâché; hé hé hé!

M. DE GRANDCOEUR.

Je te donne sur le nez, si tu ris davantage.

JAACQUES.

Monsieur, je ne puis m'en empêcher, ah ah ah ah !

M. DE GRANDCOEUR.

Tu ne t'arrêteras pas ?

JACQUES.

Monsieur, je vous en demande pardon, mais vous

êtes si plaisant, que je ne saurais me tenir de rire, hi hi hi hi hi !

M. DE GRANDCŒUR.

Mais voyez quelle insolence !

JACQUES.

Vous êtes tout à fait drôle comme ça, ah ah ah ah !

M. DE GRANDCŒUR.

Je te....,

JACQUES.

Je vous prie de m'excuser : hi hi hi hi !

M. DE GRANDCŒUR.

Tiens, si tu ris encore le moins du monde, je te jure que je t'appliquerai sur la joue le plus grand soufflet qui te soit jamais donné.

JACQUES.

Hé bien, Monsieur, voilà qui est fait, je ne rirai plus.

M. DE GRANDCŒUR.

Prends-y bien garde. Il faut que pour tantôt tu nettoies...

JACQUES,

Ha ha ha !

M. DE GRANDCŒUR.

Que tu nettoies comme il faut.....

JACQUES.

Hi hi hi!

M. DE GRANDCOEUR.

Il faut, te dis-je, que tu nettoies la salle et.....

JACQUES.

Ha ha ha !

M. DE GRANDCOEUR.

Encore?

JACQUES.

Tenez, Monsieur, battez-moi plutòt, et laissez-moi
rire tout mon content: cela me fera plus de bien.
(*Aux éclats*) ah ah ah!.....

M. DE GRANDCOEUR.

J'enrage.

JACQUES.

De grâce, Monsieur, je vous prie de me laisser rire,
ha ha ha ha ha ! (*en s'enfuyant*).

M. DE GRANDCOEUR.

Si je te prends !....

JACQUES.

Monsieur, eur, j'en serais ais malade, ha ha ha !
si je ne ris pas, ah ah ah!

M. DE GRANDCOEUR.

Mais a-t-on jamais vu un pendard comme celui-là,

qui vient me rire au nez, au lieu de recevoir mes ordres?

JACQUES.

Que voulez-vous que je fasse, Monsieur?

M. DE GRANDCŒUR.

Que tu songes, coquin, à préparer ma maison pour la compagnie qui doit venir tantôt.

JACQUES.

Ah! je n'ai plus envie de rire; toutes vos compagnies font tant de désordre, que ce mot est assez pour me mettre de mauvaise humeur.

M. DE GRANDCŒUR.

Ne dois-je point, pour te plaire, fermer ma porte à tout le monde?

JACQUES.

Vous devriez, au moins, la fermer à certaines gens.

M. DE GRANDCŒUR.

Et à qui, s'il vous plaît?

JACQUES.

Du matin jusqu'au soir, on ne voit que des gens qui n'ont que faire ici, qui vous font bonne mine et puis qui se moquent de vous, quand ils sont sortis.

M. DE GRANDCŒUR.

Et qui sont ceux-là, s'il vous plaît, qui se moquent de moi?

JACQUES.

Tout le monde.

M. DE GRANDCŒUR.

Tout le monde? et moi je dis qu'il ne peut y avoir que des sots comme toi qui puissent se moquer de M. de Grandcœur.

JACQUES.

Qu'est-ce que vous voulez faire de ce gros docteur Pancrace, qui vient tous les jours vous faire l'école?

M. DE GRANDCŒUR.

Oui-da! notre valet Jacques, vous avez la langue bien affilée, pour un paysan! Ignorant que tu es, il me montre la philosophie; n'est-ce pas une belle chose que la philosophie?

JACQUES.

philosophie? de quoi que cela sert?

M. DE GRANDCŒUR.

A donner de l'esprit et à vous apprendre à raisonner des choses parmi les honnêtes gens.

JACQUES.

Est-ce que vous n'avez pas déjà assez d'esprit,

vous, Monsieur? Je vous ai entendu dire que vous n'en cédiez à personne.

M. DE GRANDCŒUR.

Il est vrai que je puis dire, sans me flatter, qu'il y a peu d'hommes comme moi : mais je veux approfondir les sciences...

Pauvre Jacques, on voit bien que tu ne sais rien ! Sais-tu seulement bien comment il faut faire pour dire U ?

JACQUES.

Comment ?

M. DE GRANDCŒUR.

Oui, qu'est-ce que tu fais, quand tu dis U ?

JACQUES.

Quand je dis U ?

M. DE GRANDCŒUR.

Oui, dis un peu U, pour voir.

JACQUES.

Hé bien ! U.

M. DE GRANDCŒUR.

Qu'est-ce que tu fais ?

JACQUES.

Je dis U.

M. DE GRANDCŒUR.

Oui, mais quand tu dis U, qu'est-ce que tu fais ?

8

JACQUES.

Je fais ce que vous me dites.

M. DE GRANDCOEUR.

Oh ! l'étrange chose que d'avoir affaire à un sot !
Tu allonges les lèvres en dehors, et rapproches la mâchoire d'en haut de celle d'en bas, U ; vois-tu ? U.

JACQUES.

Oui, que cela est beau !

M. DE GRANDCOEUR.

Ce serait bien autre chose, si je te faisais voir les
autres voyelles : A, E, I, O : dis donc un peu, pour
voir : A E, A E.

JACQUES.

A E, A E. Est-ce comme ça ?

M. DE GRANDCOEUR.

Oui, I O, I O.

JACQUES.

Vous dites comme un âne : ah ah ah ah ah !...

M. DE GRANDCOEUR.

Insolent ! à qui parles-tu ? Sais-tu bien, pendard,
que je suis ton maître ?

JACQUES.

Monsieur, je vous fais mes excuses, ce n'est pas
de vous que je ris ; je me rappelais un âne que j'avais

entendu ; ça me faisait rire..... Rire de vous? moi,
Monsieur ? pour qui me prenez-vous donc? Je voudrais bien voir quelqu'un rire de vous ! ah! ah !...
Vilain maraud, que je lui dirais, tu ris d'un homme
qui apprend la philofophie! On voit bien que tu n'es
qu'une bête.

M. DE GRANDCOEUR.

A la bonne heure.

JACQUES.

Mais pourtant vous conviendrez, Monsieur, qu'à
votre âge il n'est plus temps d'apprendre à danser.

M. DE GRANDCOEUR.

Et pourquoi cela, s'il vous plait, notre valet?

JACQUES.

Vous apprenez donc à danser pour quand vous
n'aurez plus de jambes ?

M. DE GRANDCOEUR.

Ignorant ! tu ne connais pas les avantages de la
danse ? il n'y a rien qui soit utile aux hommes comme
la danse.

JACQUES.

Aux hommes comme vous, qui portent perru-
que ?

M. DE GRANDCOEUR.

Oui, vraiment. Apprenez de moi, monsieur le

sot, que tous les malheurs des hommes, toutes les pertes de fortune, toutes les fautes des grands capitaines, toutes les bévues d'un chacun, tout cela ne vient que du défaut de savoir danser. Mon maître de danse me l'a fort bien expliqué.

JACQUES.

Je n'en avais jamais entendu dire autant !

M. DE GRANDCOEUR.

Lorsqu'un homme a commis un manquement dans sa conduite, dans ses affaires, à l'armée, partout, ne dit-on pas toujours : Un tel a fait un mauvais pas? entends-tu, un mauvais pas?

JACQUES.

Oui.

M. DE GRANDCOEUR.

Eh bien ! un mauvais pas, d'où cela peut-il venir, si ce n'est de ne pas savoir danser?

JACQUES.

Voyez donc ce que c'est que d'apprendre la philofophie!

M. DE GRANDCOEUR.

La musique n'est pas moins nécessaire; s'il arrive des brouilleries dans les familles, des séditions dans l'état, des querelles entre les hommes, que dit-on?

JACQUES.

On dit que c'est tant pis !

M. DE GRANDCOEUR.

Écoute-moi donc : qui est-ce qui est la cause de toutes les disputes, des duels, des guerres ?

JACQUES.

Ah ! ce n'est pas moi ; car je n'aime guère ça.

M. DE GRANDCOEUR.

Ça n'entend rien ! ça n'entend rien ! N'est-ce pas le manque d'accord, et le manque d'harmonie ?

JACQUES.

Peut-être bien.

M. DE GRANDCOEUR.

Donc c'est faute de savoir la musique.

JACQUES.

Vous avez raison. Qui vous a montré ça ?

M. DE GRANDCOEUR.

Mon maître de musique, qui a plus d'esprit que toi. Qu'as-tu encore à dire ?

JACQUES.

Ce que j'ai a dire ?

M. DE GRANDCOEUR.

Oui.

JACQUES.

C'est que je suis bien ennuyé de ce grand esco-
griffe de maître d'armes, qui avec ses coups de pied
ébranle tous nos planchers et qui remplit tout de
poussière.

M. DE GRANDCOEUR.

Tout beau, notre petit valet! S'il vous entendait, il
vous ferait une méchante affaire, lui qui sait tuer un
homme, quand il veut, par raison démonstrative.

JACQUES.

Je me ris de ses raisons démonstratives.

M. DE GRANDCOEUR.

Comment! il m'a fait voir par raison démonstrative le secret des armes, pour tuer quand on veut et
n'être jamais tué soi-même.

JACQUES.

Il n'a pourtant l'air guère fin.

M. DE GRANDCOEUR.

Tu vas voir son secret pour n'être jamais tué : il
consiste en deux choses, à donner et à ne point recevoir; il suffit de tourner un peu le poignet, et d'écar-
ter de la ligne du corps l'arme de son adversaire.

JACQUES.

C'est vrai.

M. DE GRANDCŒUR.

Et c'est en cela que consiste l'excellence de cet art
sur les autres. Prends un peu ces fleurets, que je te
fasse voir ton impertinence. (*Ils se mettent en garde.*)
Tiens, raison démonstrative: la ligne du corps ; quand
on pousse en quarte, on n'a qu'à faire cela ; et quand
on pousse en tierce, on n'a qu'à faire cela. Voilà le
moyen de n'être jamais tué, et cela n'est-il pas beau
d'être assuré de son fait, quand on se bat contre
quelqu'un ? Là, pousse-moi un peu, pour voir.

JACQUES.

Hé bien, quoi ! (*il lui pousse plusieurs bottes dans
la poitrine*).

M. DE GRANDCŒUR.

Tout beau ! holà ! ho ! doucement ; peste soit du
coquin !

JACQUES.

Vous me dites de pousser.

M. DE GRANDCŒUR.

Oui, mais tu pousses en tierce, avant de pousser en
quarte, et tu n'as pas la patience que je pare.

JACQUES.

Dame, c'est que je ne sais pas la raison démonstrative.

M. DE GRANDCOEUR.

Tu aurais grand besoin de l'apprendre ; on ne peut rien faire de bien avec des ignorants.

JACQUES.

Ce n'est pas grand'chose que tout ça !

M. DE GRANDCOEUR.

Pas grand'chose ? je voudrais bien te mettre aux prises avec mon maître d'armes, pour voir quelle figure tu ferais.

JACQUES.

Votre grand batteur de fer ! je lui battrais le dos, comme il faut.

M. DE GRANDCOEUR.

Tu ne parlerais pas si haut.

JACQUES.

Je vous dis que je lui ferais payer nos planchers et tout le mal qu'il me donne.

M. DE GRANDCOEUR.

Et moi, je te dis que tu filerais doux.

JACQUES.

Et moi je vous dis que je le rosserais d'importance. Tout cela m'échauffe la bile ; depuis longtemps je ne dis pas ce que j'en pense.

M. DE GRANDCOEUR.

Tu ne dis pas ce que tu penses? Je voudrais bien
savoir ce que tu penses?

JACQUES.

Si ce n'était pas vous, Monsieur, qui fissiez tout
cela et que ce fût un homme comme moi, je lui dirais tout net son affaire : Vous, petit mirmidon, fils
d'un cordonnier, qui décrottiez les savates, quand
vous étiez petit (ce n'est pas à vous que je parle, c'est
à cet autre que je dirais cela), vous voulez faire le
bourgeois à cette heure? Ça vous va bien ! la belle
figure que vous faites sous cet accoutrement-là.

M. DE GRANDCOEUR.

Fais attention à ce que tu dis.

JACQUES.

Ce n'est pas à vous que je parle ; vous savez ce que
vous avez à faire, vous. Mais je lui dirais à cet autre : Tous vos maîtres de musique, d'armes, de philofophie, est-ce qu'ils vous montrent de l'esprit? Vous
êtes plus sot qu'auparavant; voilà ce que tout le
monde dit.

M. DE GRANDCOEUR.

Tais-toi, insolent.

JACQUES.

Ah ! comme je lui dirais bien à cet autre : Vous

croyez qu'on oubliera que vous n'étiez qu'un décrot-
teur, puis un domestique comme moi, ensuite un
gueux enrichi? Eh bien! c'est tout le contraire, on fait
exprès d'y penser, pour s'en moquer. On en jase partout; on vous traite d'âne empanaché, de dindon
enharnaché.....

M. DE GRANDCŒUR.

Ah! coquin de valet, sors de chez moi, ou je te
casse les reins. (*Il court après Jacques qui s'enfuit à
toutes jambes.*)

Tiré de MOLIÈRE.

X. — Scène de police correctionnelle.

PERSONNAGES :
- Le Président du tribunal.
- LAMY, prévenu.
- Un Mylord anglais.
- JOLLIBOIS, traiteur.
- ROUX, avec son neveu LOUISOT.

AUDIENCE.

JOLLIBOIS.

Voilà le père Roux! Comment ça va-t-il, père Roux?

ROUX.

Pas mal, monsieur Jollibois; et vous-même?

JOLLIBOIS.

Toujours gaîment, comme à l'ordinaire. Est-ce là votre petit-fils?

ROUX.

Non, c'est mon neveu.

JOLLIBOIS.

Quel âge a-t-il?

ROUX.

Douze ans.

JOLLIBOIS.

Bah! qu'il est grand pour son âge!

ROUX.

Vous êtes bien honnête, monsieur Jollibois; la mauvaise herbe croît toujours, comme l'on dit.

JOLLIBOIS.

Il a des yeux spirituels.

ROUX.

N'est-ce pas? Ce n'est pas parce que je suis son oncle; mais plus fin que lui n'est pas bête.

JOLLIBOIS.

C'est la première fois que vous l'amenez à Paris, peut-être?

ROUX.

Oui, monsieur.

JOLLIBOIS.

Eh bien ! mon petit ami, que dites-vous de la grande ville? est-elle belle ?

LOUISOT.

Je ne sais pas; les maisons m'ont empêché de la voir.

LE PRÉSIDENT.

Allons, messieurs, vous n'êtes pas ici pour faire la conversation: asseyez-vous.... Prévenu, quels sont vos noms ?

LAMY.

Jacques Lamy, mon Président, âgé de 25 ans, employé dans les chevaux....Vous entendez, je vends des chevaux et j'en achète pour l'un, pour l'autre, quand ça fait plaisir; et je peux dire que je m'en acquitte avec honneur. Jacques Lamy, l'ami de tout le monde, toujours prêt à rendre service à tout le monde.

JOLLIBOIS.

Et à manger les fricandeaux qui lui tombent sous la main; c'est un ogre, il a avalé mon fricandeau en moins de rien. Mais je l'ai sur le cœur; foi de Jollibois, il faut qu'il me le rende, ou plutôt qu'il me le paye. Imaginez-vous, mon père Roux, un fricandeau tout chaud, qui sortait du fourneau, que je venais d'étaler pour le vendre, qui valait bien 30 sous.....

LE PRÉSIDENT.

Silence; personne ne doit prendre la parole sans y être invité.

JOLLIBOIS.

Tiens! il a bien pris mon fricandeau, lui, sans que je l'aie invité; et il faut qu'il m'invite pour que je parle! Allons! Jollibois, faut attendre qu'on t'invite, toi, pour que tu parles....

LE PRÉSIDENT.

Les plaignants Louis Jollibois et Pierre Roux sont-ils présents? (*Ils se lèvent en disant :* Présent.)

LE PRÉSIDENT, *au milord.*

Alors, que veut monsieur?

MILORD.

Monsiour le jouge, moi avoir oun grave crime à plaindre à vôs.

LE PRÉSIDENT.

Vous auriez dû faire votre plainte avant l'audience.

MILORD.

Excousez : moi connaître pas les habitioudes.

LE PRÉSIDENT.

Voyons, qu'avez-vous à reprocher au prévenu ?

MILORD.

Monsiour le jouge, moi avoir été dérobé indignement par fôrberie.

LE PRÉSIDENT.

Tâchez de parler plus vite.

MILORD.

Je crains de brouiller moi, et vous pas comprendre.

LE PRÉSIDENT.

Nous entendrons toujours; au fait.

MILORD.

Je disposais à promener moi, quatre jours passés, vers les Champs-Élysées. Voilà dans la roue prochaine oune grande troupeau de bouillis....

LE PRÉSIDENT.

Comment, de bouillis ?...

MILORD.

Yes, qu'on mange après le potage.

LE PRÉSIDENT.

Du bœuf?

MILORD.

Oh! yes, oune grande troupeau de bœufs, qui arrête la marche de moi et de beaucop autres personnes. A côté oun gentleman était; il parler à moi poliment, et je répondre à loui poliment. Moi sans défiance du Français, moi marcher avec loui dans les Champs-Élysées. Oune mendiant, avec des membres crochus (yes, crochus, comme cela) une jambe plous brève que l'autre, et des béquilles, demande à 'moi l'aumône, et je donne à loui des monnaies. « Oh! yes, dit le gentleman, vous donner la monnaie à oune coquin comme cela! Ne croyez pas lui malade ; faire voir loui courir plous vite que vous et moi ; donnez votre canne, moi dresser à loui les jambes. » Il aussitôt prend mon canne pour battre loui, mais le gueux court rapidement comme le cerf. Le gentleman concourt, et moi rire en voyant eux courir. Car pas la défiance moi, pas la défiance. Vous comprenez moi ?

LE PRÉSIDENT.

Oui, très-bien.

MILORD.

Monsiour le jouge, eux pas revenir, et moi pas revoir mon canne à la pomme d'ór, mon souperbe canne.

LAMY.

Et monsieur veut dire que c'est moi?....

LE PRÉSIDENT.

Taisez-vous, laissez le plaignant parler.

LAMY.

Mais, monsieur l'Angleterre, avez-vous le front de m'accuser?...

LE PRÉSIDENT.

Taisez-vous, encore une fois.

MILORD.

Moi avoir pas dit tout encore....

LE PRÉSIDENT.

Hâtez-vous.

MILORD.

Oh! yes, le voleur de món canne a allé à le domicile de moi, et a dit : « Milord envoie moi pour apporter son montre, qui a oublié loui sur son cheminée.» Le domestique à moi avoir défiance. Mais le habit du gentleman beau, son figoure bonne, loui montrer mon canne en riant : « Voilà son canne pour prouver. » Et pour ces choses, le domestique de moi a donné mon montre d'or avec diamant. Scélérat! fórbe! jamais moi, monsiour le jouge, avoir eu pareille colère!

LAMY.

Mais, pour dire que c'est moi qui ai fait le coup, faut être bien gen.... bien gentil ! Moi, voler la canne et la montre d'un milord anglais? Pas capable, mon Président, j'aime les Anglais, moi, voyez-vous. A preuve, que j'en ai trouvé un de ces messieurs, il n'y a pas longtemps, qui était tombé auprès d'une borne au sortir du cabaret, faut croire, et je l'ai ramené à son domicile. Mais plus fort que ça ; vous ne me croirez-pas, j'ai entendu quelque petite chose qu'a dite le milord. Voyons, monsieur l'Angleterre, raisonnons un peu tous deux : Quel jour, s'il vous plaît, avez-vous perdu votre canne et votre montre?

MILORD.

Il sont quatre jours passés.

LAMY.

Justement. Voilà la plus belle affaire du monde ! C'était vendredi, tout juste vendredi ; et ce jour-là j'étais à Saint-Germain, je n'ai pas paru à Paris de la journée. Voilà qui est fameux ! J'ai volé là canne et la montre d'un milord, et j'étais à six lieues de Paris.

LE PRÉSIDENT.

Monsieur, reconnaissez-vous le prévenu ?

MILORD.

Moi, vôs dire, monsiour le jouge, il est indigne :

moi avoir voyagé beaucop dans les plous grandes villes de l'Ourope, et jamais avoir été dérobé ! Il est indigne ! ! Oui, moi avoir été oune anne à Rome, oune anne à Vienne, oune anne à Péterbourg, à Berlin....

LAMY.

Mais tout cela, monsieur milord, mon cher ami, ce n'est pas la question : m'avez-vous vu ? Regardez-moi un peu ; cette figure-là vous revient-elle ?

MILORD.

Je dis moi avoir été oune anne à Édimbourg, oune anne à Brouxelles, oune anne à Doblin....

LAMY.

Oui, oui, vous avez été un âne partout.

MILORD.

Oh ! yes, en beaucop d'endroits, et pas volé noulle part.

LE PRÉSIDENT.

C'est assez : reconnaissez-vous le prévenu ?

MILORD.

Moi pas dire cela ; moi avoir jamais vu monsiour.

LE PRÉSIDENT.

Et que dites-vous donc ? Pourquoi l'accusez-vous ?

MILORD.

Moi avoir informé de la maison de jioustice, et avoir été apporté en cet endroit pour plaindre à vôs.

LE PRÉSIDENT.

Vous ne connaissez donc pas l'auteur du vol dont vous vous plaignez ?

MILORD.

Moi, oh ! nô ; à vous de connaître loui. Moi avoir pas de police, vous trôver les voleurs.

LE PRÉSIDENT.

Alors vous n'auriez pas dû choisir le moment d'une audience pour faire votre plainte. Il s'agit ici de tout autre chose.

MILORD.

Oh ! yes, yes, moi savoir pas.... Plous tard, plous tard....

LE PRÉSIDENT.

Oui, plus tard. (*Le milòrd se retire un peu, sans sortir.*)

ROUX.

Est-ce mon tour à présent, monsieur le juge ?

LE PRÉSIDENT.

Tout à l'heure. Jollibois, vous reprochez au prévenu d'avoir volé à votre préjudice un fricandeau ?

JOLLIBOIS.

Oui, mon Président, et de l'avoir mangé, le goulu ! Il n'en a fait que deux bouchées. Or, il faut vous dire qu'il aurait fait amplement le repas de deux per-

sonnes. Ces fricandeaux-là, je les vends 30 sous ; et ce
n'est pas cher : car comptez le beurre à deux francs
le kilo....

LE PRÉSIDENT.

Nous n'avons pas besoin de savoir ce qu'il y entre
de beurre.

JOLLIBOIS.

Moi, j'ai besoin de le savoir ; un traiteur qui ne
compterait pas le beurre, le sel, les fines herbes et tous
les ingrédients qui entrent dans la sauce....

LE PRÉSIDENT.

Il suffit que nous constations le vol.

JOLLIBOIS.

Et que vous le punissiez comme il faut, et que
vous me fassiez rendre le prix de mon fricandeau ;
car je ne suis pas obligé de nourrir les passants, surtout des ogres comme votre Lamy.

LE PRÉSIDENT.

C'est assez. Lamy, pourquoi voliez-vous le fricandeau du sieur Jollibois ?

LAMY.

Mon Président, de celui-là je ne m'en défends pas.
Je l'ai mangé et bien mangé. Foi de Lamy, il était
bon le petit fricandeau, il était fameux. (*Il se lèche
les lèvres.*)

LE PRÉSIDENT.

Ce n'était pas une raison pour le voler.

LAMY.

Non, mais j'avais une faim caniche. Faut vous dire
que la veille au soir j'avais bu un coup, et je n'avais
pas songé à manger. Le matin, ma bourse était vide
et mon ventre aussi. Fallait bien manger pourtant ;
l'on ne vit pas de l'air du temps. Je passe par hasard
devant la porte de Jollibois ; je vois un petit fricandeau
tout chaud, avec une mine et une odeur que je le
sentais à dix pas ! C'était trop fort pour un appétit
comme le mien ; il n'y avait pas moyen d'y tenir.
Rien que d'y penser, l'eau m'en vient à la bouche.
Si vous aviez vu, mon Président, quelle mine, quels
charmes !.....

LE PRÉSIDENT.

Ce ne sont pas là des excuses.

LAMY.

Je ne dis pas ; mais je l'aurais payé plus tard ; car,
dans le moment, je n'avais pas le sou.

JOLLIBOIS.

Oui, oui, oui, payé ! va-t-en voir s'il vient. Il s'en-
fuyait avec une rapidité, que j'ai eu toutes les peines
du monde à l'attraper.

LE PRÉSIDENT.

Votre fuite annonçait une mauvaise intention.

LAMY.

Quand je l'ai entendu crier si haut dans sa maison, et s'élancer contre moi, j'ai bien vu qu'il ne me ferait pas crédit et qu'il fallait battre en retraite..... Après cela, j'ai eu tort, j'en conviens; mais la faim, l'appétit, la mine que me faisait le petit fricandeau, ventre-saint-gris! n'y avait pas à résister. Tenez, Jollibois, je vas vous le payer tout de suite; combien me demandez-vous?

JOLLIBOIS.

Trente sous.

LE PRÉSIDENT.

Ce n'est pas ici le lieu; attendez l'arrêt du tribunal.

JOLLIBOIS.

Donne donc toujours, Lamy, donne donc; ce monsieur jugera après.

LE PRÉSIDENT.

Restez à votre place, vous dis-je, et attendez.

JOLLIBOIS.

Mais, monsieur le Président, vous êtes bien singulier! Est-ce là de la justice? il veut me payer mon fricandeau, et vous l'en empêchez!

LE PRÉSIDENT.

Votre fricandeau vous sera payé, mais plus tard.

JOLLIBOIS.

J'ai toujours entendu dire : Un *tiens* vaut mieux
que deux *tu l'auras*; et, puisqu'il a de l'argent, le plus
sûr, à mon avis, c'est de le prendre.....

LE PRÉSIDENT.

Si vous vous obstinez à parler, j'aurai recours aux
huissiers pour vous imposer silence.

JOLLIBOIS.

Ah ! pas de ça ; qu'ils ne me touchent pas, vos
huissiers ! Je n'aime pas ces messieurs-là. Mais toi,
Lamy, tu reconnais me devoir trente sous ?

LAMY.

Oui, oui.

ROUX.

Est-ce pourtant le tour de mon âne ?

LE PRÉSIDENT.

Oui : qu'avez-vous à réclamer?

ROUX.

Ah ! monsieur le juge, si c'est un effet de votre
bonté, faites-moi rendre mon âne ; car depuis que je
l'ai perdu, je ne mange plus, je ne dors plus, je ne
fais plus que de pleurer. N'est-ce pas, Louisot?

LOUISOT.

Oui, tonton.

LAMY.

Voilà encore une affaire comme celle de monsieur Milord; je n'y suis pour rien.

MILORD, *se levant et s'approchant.*

Vôs avoir mon affaire ?

LAMY.

Votre affaire!

MILORD.

Le canne et le montre de moi ?

LAMY.

Je ne parle pas de cela ; je dis, au contraire, que je ne connais pas plus l'âne du père Roux que votre seigneurie.

LE PRÉSIDENT.

Allons ! laissez le sieur Roux exposer sa plainte.

ROUX.

O mon pauvre âne ! depuis la mort de ma défunte, je n'avais plus que toi pour ma consolation (*tout attendri*). Oui, Messieurs, c'était mon gagne-pain, c'était mon compagnon, mon camarade, mon compère..... Pauvre *Rousse*, va! (*Il pleure.*)

LAMY.

Voyez bien, il se coupe; il dit que son âne était roux, et le mien, qu'on ma pris, est gris.

ROUX.

Non pas ; mon âne était gris. Je l'appelais ma *Rousse*,
parce que moi je m'appelle Roux. Est-ce pas, Louisot ?

LOUISOT.

Oui, tonton.

ROUX.

Le petit garçon est là pour le dire, si ce n'est pas
vrai. Il faut être bien mauvais pour m'avoir fait une
pareille sottise, à moi qui ne dis rien à personne et
qui ne fais que des honnêtetés à tout le monde !.....

LE PRÉSIDENT.

Exposez le sujet de votre plainte.

ROUX.

A preuve, que je ne me fâche pas seulement quand
on m'insulte : quand les enfants courent après moi, en
criant : « Le père Roux, le père aux ânes ; bonjour,
le père aux ânes. » — « Bonjour, mes enfants, que je
leur réponds poliment. » Voilà toute ma malice ; est-
ce pas, Louisot ?

LOUISOT.

Oui, tonton.

LE PRÉSIDENT.

Allons, dites comment votre âne vous a été pris.

ROUX.

Pendant que je m'amusais à regarder deux hommes qui se battaient dans la rue Quincampoix ; j'étais comme vous diriez là ; je tenais mon âne par la bride, il y avait du monde tout autour de moi ; je regardais... Quand je me suis détourné, pour partir, je n'ai plus vu ma *Rousse*, je n'avais plus que la bride, qu'ils avaient coupée. J'ai couru, j'ai regardé, j'ai demandé.... Rien. Personne ne savait ce qu'était devenu mon âne. Pauvre *Rousse*, va ! (*Il s'attendrit.*)

LE PRÉSIDENT.

L'âne qu'on a saisi dans la possession du prévenu est-il bien le vôtre.

ROUX.

Oh ! oui, monsieur le juge. Si vous l'aviez vue, cette pauvre bête ! comme elle m'a bien reconnu tout de suite, et quelle mine elle me faisait, en m'embrassant. Est-ce pas, Louisot ?

LOUISOT.

Oui, tonton.

ROUX.

D'ailleurs, elle est connue de tout le monde, ma pauvre *Rousse* ; nous n'allions jamais l'un sans l'autre. Si je voulais aller vendre mes légumes à la halle, j'attelais mon âne ; si je voulais me promener en voiture, je prenais mon âne ; si je voulais faire une course à cheval, je montais sur mon âne ; est-ce pas, Louisot ?

LOUISOT.

Oui, tonton.

LE PRÉSIDENT.

Prévenu, reconnaissez-vous avoir volé un âne au préjudice du sieur Roux?

LAMY.

Du tout ; cet âne était bien à moi. Je l'avais acheté de mon argent, et payé en belles et bonnes pièces de cinq francs.

LE PRÉSIDENT.

Si vous l'aviez acheté, comment se fait-il qu'au moment où l'on vous a arrêté, vous cherchiez à le vendre?

LAMY.

C'est qu'on me demandait 50 francs pour l'habiller. Il ne m'en coûte pas tant pour moi. Je ne voulais pas mettre plus dans la toilette de mon âne que dans la mienne ; c'était humiliant.

LE PRÉSIDENT.

Quel est l'individu qui le tenait par la bride au marché, et qui s'est esquivé lorsqu'il a vu qu'on vous arrêtait?

LAMY.

Je n'en sais rien ; je ne le connais pas.

LE PRÉSIDENT.

Cela ne peut pas être ; vous devez le connaître, puisque vous lui aviez confié votre âne et qu'il l'offrait aux acheteurs.

LAMY.

Non, monsieur le Président. Voilà toute l'affaire :
vous savez que les ânes, ça n'a pas le caractère facile ;
c'est entêté comme des mulets ; quand ça s'est mis
quelque chose dans la tête, il n'y a pas moyen de les
raisonner.....

ROUX.

Ce n'est pas encore vrai ça ; car jamais vous n'avez
vu de meilleur caractère que celui de mon âne. Non
jamais, au grand jamais, ma *Rousse* ne m'a manqué ;
douce comme un mouton, commode comme moi-
même ; jamais ne s'est fâchée, jamais n'a résisté ;
est-ce pas, Louisot ?

LOUISOT.

Oui, tonton.

LAMY.

C'est ce qui prouve que mon âne n'est pas le vôtre.
Car tout d'un coup il n'a plus voulu marcher. J'avais
beau lui faire des mamours : « Mon petit, marche
donc ; mon mignon, mon loulou... » Rien. Des coups
de pieds, des coups de poings ; pas plus, il faisait la
bûche. Alors je me suis dit : Peut-être que ma figure
ne lui revient pas. J'ai prié un jeune homme qui
passait, de me le conduire au marché. Voilà tout.

ROUX.

Cette pauvre bête ! Elle voyait bien que ce n'était

pas son maître. En voilà-t-il de l'instinct et de l'amitié pour moi ! Va, ma *Rousse*, tu n'a pas affaire à un ingrat ; tant que le père Roux aura une bouchée de pain, il la partagera avec toi ; c'est pour la vie.

(*Il pleure.*)

MILORD.

Monsiour le jouge, il est évident par les pleurs l'âne être à monsiour ; la naîtioure, le cœur prôve pôr loui.

LAMY.

De quoi se mêle-t-il, ce milord ? Est-ce que cela vous regarde ? A-t-on jamais vu un..... comme cela ?

MILORD.

Oh ! yes, cela tôche moi ; voir plôrer oun pauvre homme, dont vous avez volé l'âne à loui.

LAMY.

C'est peut-être vous qui l'avez volé ; vous avez une figure et un air.....

LE PRÉSIDENT.

Allons ! Messieurs, vous n'avez pas la parole.

MILORD.

Monsiour le jouge, lui insoulte moi !

LE PRÉSIDENT.

Ne lui parlez pas.

ROUX.

Vous avez bien raison, mon bon monsieur, allez !
il m'a bien volé mon âne; il n'y a pas de doute.

JOLLIBOIS.

Monsieur le Président, je vous garantis que le père
Roux est un brave et honnête homme, incapable de
vous tromper.....

LAMY.

Tiens, tiens, Jollibois ! vous voilà contre moi à présent? et moi, qui voulais vous payer votre fricandeau !
pas si bête. Parlez, parlez ; c'est fini, vous paiera qui
voudra.

JOLLIBOIS.

Tu me l'as promis ; chose promise est due.

LAMY.

Pourquoi vous mêlez-vous de ce qui ne vous regarde pas?

LE PRÉSIDENT.

Laissez là cette discussion, et répondez-moi : Avez-
vous quelque chose à ajouter à votre défense?

LAMY.

Moi! non, rien, sinon que je n'ai point pris l'âne
du père Roux, pas plus que la canne de M. l'Angleterre, et qu'ils sont deux enjôleurs. Je ne recon-

nais que le fricandeau; mais pour celui-là, je le reconnais, je l'ai dit et je ne m'en dédis pas. Ainsi je paierai; ç'a toujours été mon intention, je tiens à mon intention. Jacques Lamy, surnommé l'ami de tout le monde, honnête homme, incapable de faire tort à personne dans la moindre des choses; et voilà.

LE PRÉSIDENT.

Pour se conformer à votre intention, le tribunal vous condamne à payer le fricandeau du sieur Jollibois, à rendre l'âne du sieur Roux, et à passer quinze mois en prison.

ROUX, *dansant.*

Ma *Rousse*, ma *Rousse!* Oh! monsieur le juge, que je vous remercie! Vous me rendez la vie; foi de Roux, j'en vivrai dix ans de plus. Je vous salue, Messieurs. Viens, Louisot, allons chercher la *Rousse.* (*Il saute de joie.*)

(Tiré de la *Gazette des Tribunaux.*)

XI. — Joseph vendu par ses frères.

JUDA.

Ruben, tu es l'aîné de notre famille; ce titre n'est point un vain mot. Que n'as-tu le courage de dire à notre père que ses préférences pour Joseph ont un résultat funeste? Tu le vois comme moi, tous ses frères en sont jaloux et ne peuvent le souffrir; le pauvre enfant, malgré son innocence, en est la victime. Que sais-je? les choses ne se borneront peut-être pas toujours à des tracasseries et à de petites vengeances, car l'irritation est profonde, et j'ai entendu des paroles qui me font frémir.

RUBEN.

Que veux-tu que je fasse, cher ami? Je vois cette irritation, et j'en gémis, comme toi. Je reconnais que, pour attaquer le mal dans sa source, il faudrait persuader à Jacob d'être plus prudent, de ne pas tant idolâtrer son Joseph, et de montrer à tous une égale affection. Mais à quoi bon le lui dire? Il ne l'ignore pas; notre mécontentement n'a que trop souvent éclaté devant lui. D'ailleurs je suis moins propre que personne à lui donner cet avis; car il n'a point encore oublié la faute pour laquelle il m'a maudit; et des représentations aussi délicates, de ma part, seraient assurément très-mal reçues.

JUDA.

Son amour l'aveugle. Il semble que l'âge fortifie en lui le souvenir de Rachel et augmente sa faiblesse pour son fils. Car il ne sait pas même dissimuler devant nous cette prédilection qui nous blesse. Il n'a d'éloges, de caresses, de tendres attentions, que pour son petit Joseph. A force de le trouver sans défauts, il le gâte; et je suis persuadé que ces beaux songes, dans lesquels on veut voir des présages de grandeur future, ne sont que les rêves d'un amour-propre exalté par les louanges. Je conviens que Joseph est aimable, et qu'il est difficile à 17 ans d'être plus candide, plus sage et plus pieux. Mais ce n'est point une raison pour afficher de telles préférences, et pour le traiter autrement que ses frères. Pourquoi, par exemple, au lieu de l'habiller comme nous tous, lui a-t-il donné une tunique de couleurs si variées et si brillantes, telle qu'en ont les princes? Joseph est-il d'une autre nature que nous? C'est vraiment un outrage.

RUBEN.

Je le sens comme toi, et, quand j'y songe, j'ai peine à retenir mon indignation. Mais je ne vois aucun moyen de l'empêcher.

JUDA.

Cependant il est à craindre qu'on n'en vienne à quel-

que extrémité contre lui, et, si tu veux savoir toute
ma pensée, je tremble pour sa vie.

RUBEN.

Que dis-tu, Juda? Nos frères iraient-ils jusque-là?

JUDA.

C'est possible. Les fils de Bala et de Zelpha nour-
rissent contre lui une haine mortelle; et la jalousie
peut en un instant la faire éclater.

RUBEN.

Ah! je les reconnais là : ils ne peuvent lui pardon-
ner d'avoir fait connaître à Jacob leurs déréglements.
Belle vengeance, en vérité! Au lieu d'aggraver leur
faute, ne feraient-ils pas mieux de la réparer? Pour
moi, je l'avoue, ma principale préoccupation est de
faire oublier mes torts à mon père; et, loin d'épouser
leur haine injuste, je ferai tout ce qui dépendra de
moi pour déjouer leur abominable dessein.

JUDA.

Les voici qui viennent à la hâte; ils nous appor-
tent sans doute quelque nouvelle.

DAN.

Nous venons d'apercevoir notre jeune faiseur de
songes, qui semble nous chercher. N'êtes-vous pas las
de le voir espionner notre conduite, pour nous noircir
auprès de notre père? Pourquoi ne mettrions-nous

pas fin à ses délations et à ses rêves ambitieux ? Nous sommes éloignés de toute habitation ; jamais personne ne saura ce qu'il sera devenu.

GAD.

Il le mérite bien, car lui seul met la discorde dans notre famille.

RUBEN.

Que voulez-vous dire ? Que prétendez-vous faire ?

DAN.

Veux-tu que je te parle sans détour ? Lui donner, au lieu de baiser, un coup de couteau, et jeter ensuite son corps dans un de ces puits ; voilà notre projet.

GAD.

Nous sommes tous d'accord, et, si tu prétends nous en empêcher, tu partageras son sort.

RUBEN.

Comment ? Vous oseriez tremper vos mains dans le sang de votre frère ?

GAD.

Il n'est plus notre frère ; il est un traître et un ennemi.

RUBEN.

Vous ne craignez pas la colère de Dieu ? Vous allez renouveler le crime de Caïn, meurtrier d'Abel ? Quoi !

l'horrible malédiction qui tomba sur sa tête ne vous
épouvante pas?

GAD.

Il te sied bien, à toi, de parler au nom de Dieu!
Quand tu as violé sa loi et bravé sa vengeance, qui te
donne le droit de faire le prédicateur et le prophète?

JUDA.

Mais, si vous ne craignez pas Dieu, comment pour-
rez-vous cacher votre crime à notre malheureux père?
Que lui répondrez-vous, quand il vous demandera
ce que vous aurez fait de son enfant chéri?

DAN.

Et toi aussi? Te voilà bien embarrassé! Nous dirons
qu'une bête féroce l'a sans doute dévoré, et nous lui
remettrons sa tunique ensanglantée pour l'en convaincre. Quelle peine aura-t-il à nous croire, quand tout
le monde sait que cette contrée est remplie de lions,
d'ours et d'autres animaux carnassiers?

JUDA.

Vous le ferez mourir de douleur!

GAD.

Il verra le fruit de sa folle tendresse pour ce petit
orgueilleux.

RUBEN.

Au moins ne faites pas couler le sang de votre

frère. Descendez-le plutôt dans cette vieille citerne sèche, qui est là tout près, et abandonnez-le à son mauvais destin.

JUDA.

Votre vengeance ne sera encore que trop cruelle ; mes frères, ne répandez pas le sang, je vous en supplie.

TOUS.

C'est vrai ; mettons-le dans la citerne sèche.

JOSEPH, *arrivant*.

Bonjour, mes frères. Comment allez-vous ? (*Il embrasse Ruben.*)

RUBEN.

Très-bien, cher Joseph. Comment va notre père ?

JOSEPH.

Il se porte bien, et il m'envoie savoir de vos nouvelles, car il est inquiet ; depuis plusieurs jours vous ne lui en avez pas donné. (*Il embrasse Juda ; mais les autres lui tournent le dos, excepté Dan qui le repousse avec violence.*)

DAN.

Ne m'embrasse pas, traître ! Je ne vois en toi qu'un serpent qui cherche à nous enlacer et à nous blesser.

JOSEPH.

Quoi ! mon bien-aimé frère, tu m'en veux encore ?

Je n'avais cependant pas de mauvaise intention, Dieu
m'en est témoin ; et j'ai fait ce que j'ai pu pour apaiser notre bon père.

GAD.

Ne parlons plus de cela. Mais raconte-nous tes songes ; car tu dois en avoir eu de nouveaux, depuis que nous t'avons vu.

JOSEPH.

Non, mon cher Gad, je n'en ai point eu d'autres.

GAD.

Ils sont vraiment curieux tes songes ! Rappelle-moi
donc le premier, celui des gerbes.

JOSEPH.

Ce songe a paru vous faire de la peine : pourquoi
voulez-vous l'entendre encore ? Je m'imaginais que
nous faisions des gerbes dans un champ ; la mienne
se tenait au milieu, et les vôtres se rangeaient à l'entour en s'inclinant, comme pour l'adorer.

GAD.

Et que penses-tu que cela signifie ?

JOSEPH.

Je n'en sais rien ; les rêves ont-ils une signification ?

DAN.

Le second n'est pas moins intéressant. Tu voyais,

je crois, le soleil, la lune, et onze étoiles qui t'adoraient. C'est vraiment joli! Tu crois sans doute que
ton père, ta mère et nous, nous t'adorerons?

JOSEPH.

Je n'en crois rien, cher frère, et je suis bien fâché
que cela vous cause du chagrin.

DAN.

Petit orgueilleux! Tu prétends être un jour notre
maître et nous traiter en esclaves. Mais il n'en sera
rien. A l'instant même tu vas subir ton châtiment, et
nous verrons à quoi te serviront tes songes. (*Il le saisit ; les autres lui prennent les bras et les attachent
avec des cordes.*)

JOSEPH.

O ciel! que voulez-vous faire, mes frères? Vos re-
gards sont furieux... De quoi suis-je donc coupable?

GAD.

Tu iras expier ton orgueil au fond de cette citerne.

JOSEPH, *à genoux*.

O mes frères, je vous en supplie, ne me faites pas
mourir. Je vous aime tendrement, et je n'ai aucun
mauvais dessein. (*Ils le relèvent avec violence.*) O mon
père! viens à mon secours.

DAN.

Ton père ne te sauvera pas la vie, il faut que tu

périsses. Suis-nous. (*Ils l'entraînent malgré ses sanglots.*)

RUBEN, *seul.*

O les misérables! les misérables!... Dieu de Jacob, ayez pitié de notre malheureuse famille; veillez sur cet enfant..... Je vais le laisser descendre dans la citerne, parce que je ne puis l'empêcher; mais je viendrai l'en retirer cette nuit, avec des cordages, et je le rendrai à son père. J'espère qu'en retour il me pardonnera, et j'aurai eu le bonheur de sauver un innocent... Qu'y a-t-il, Juda?

JUDA, *revenant.*

Ils le dépouillent, pour le descendre dans la fosse. Ah! Ruben, le cœur me saigne. Les cris de ce pauvre enfant sont déchirants. Il invoque le Dieu d'Israël, et, au lieu de maudire ses bourreaux, il prie pour eux. Que ne puis-je le sauver! Va voir s'ils ne lui font point de mal. (*Ruben sort.*)

GAD, *apportant la tunique.*

Voici la belle tunique de notre futur seigneur. Au lieu de recevoir nos adorations, elle sera mise en pièces et teinte de sang, pour être ensuite envoyée à Jacob. Il ne reverra jamais autre chose de son fils, à moins qu'un ange ne le retire du fond de la citerne, car elle est profonde.... Mais, quoi! Juda, tu verses des larmes et parais consterné!

JUDA.

Ah! mon frère, je ne puis être insensible à la mort de cet enfant, et à la douleur de notre infortuné père.

GAD.

Tu as l'âme trop tendre. Le ciel les punit tous les deux.

JUDA.

Ne parle pas du ciel, Gad; car nous l'offensons grièvement, et je crains bien sa vengeance. Mais éloignons-nous; car voici nos frères qui reviennent, et je ne veux pas qu'ils soient témoins de ma tristesse. (*Ils sortent.*)

DAN, *avec ses frères.*

L'affaire est faite, nous sommes vengés. Désormais personne ne viendra plus contrôler nos actions et mettre le trouble dans notre famille. Nous vivrons en paix. Mais qu'il n'y ait pas de traître parmi nous! Disons tous unanimement qu'une bête féroce a dévoré Joseph.

RUBEN.

Rien n'est plus facile; il ne s'agit que de s'entendre.

DAN.

Maintenant, prenons notre repas et réjouissons-nous: puis nous retournerons à nos troupeaux.

10.

RUBEN.

Pour moi, je vous quitte; mes affaires me pressent. (*Il sort.*)

DAN.

Je soupirais depuis longtemps après ce dénoûment. Nous aurions dû en venir là plus tôt. Un peu de courage nous aurait épargné bien des contrariétés. N'êtes-vous pas de mon avis?

TOUS.

Oui, certainement.

JUDA, *rentrant.*

Voici une troupe de marchands madianites, qui passe, et qui porte en Égypte des aromates de Galaad. Ne ferions-nous pas bien de leur vendre notre frère, au lieu de le laisser mourir? Ils le revendraient comme esclave à quelque maître égyptien, qui le condamnerait à de rudes travaux; et nous n'aurions point à nous reprocher sa mort.

DAN.

S'il leur échappait?

JUDA.

C'est impossible. Sa vie sera un esclavage perpétuel. Nous serons délivrés de lui, sans être coupables d'assassinat. Or, mes amis, souvenez-vous qu'il est notre frère, et en quelque sorte notre chair. Ayons

quelque pitié de lui, et profitons d'une si bonne occasion. Que vous en semble?

TOUS.

Oui, il faut le vendre ; c'est mieux, c'est mieux.

JUDA.

Allez le retirer, je vais appeler les marchands. (*Il
sort avec plusieurs de ses frères.*)

GAD, *entrant.*

Qu'est-ce donc ? où vont nos frères ?

DAN.

Les uns vont chercher des marchands qui pas-
sent, et les autres vont retirer Joseph de la citerne,
pour le leur vendre comme esclave.

GAD.

Mais, s'il leur échappe, nous sommes tous perdus.

DAN.

Ils le mèneront, dit-on, en Égypte, où ils portent
des aromates, et là ils le vendront à un maître d'esclaves, qui saura bien le garder.

GAD.

Il serait plus sûr qu'il mourût.

DAN.

C'est ce que je leur ai dit, mais ils se sont tous
prononcés contre moi.

GAD.

Plaise à Dieu qu'ils ne s'en repentent jamais!

JUDA, *aux marchands.*

Prenez-vous l'engagement de ne point le relâcher avant d'être en Égypte, et de l'y vendre comme esclave ?

UN DES MARCHANDS.

Oui, certainement ; rien n'est plus facile.

JUDA.

Combien nous donnerez-vous?

LE MARCHAND.

Il faut que nous le voyions auparavant. Quel âge a-t-il? Est-il grand et bien fait?

JUDA.

Il entre dans sa dix-septième année; c'est un charmant jeune homme. Le voici. (*Joseph est ramené par ses frères.*)

LE MARCHAND.

C'est celui-ci?... Nous vous en donnerons vingt pièces d'argent.

TOUS.

Eh bien! donnez, il est à vous. (*Ils reçoivent l'argent.*)

JOSEPH.

Quoi ! mes frères, vous me vendez à ces étrangers?
Ah ! que vous ai-je fait, pour me traiter ainsi?

DAN.

Tu es bien heureux que nous te conservions la vie ;
car tu n'es pas digne de voir le jour.

JOSEPH, *à genoux*.

Je vous en conjure, par notre Dieu, par notre père,
par ce qu'il y a de plus sacré, ne me livrez pas...
Ils sont sourds à mes cris... O mon Dieu... Dieu
d'Israël, mon père, Dieu protecteur des faibles ! vous
savez que je suis innocent, ayez pitié de moi...
Ayez surtout pitié de mon père ! Donnez-lui la force
de survivre à sa douleur... (*On le relève*). O Jacob !
ô cendres de Rachel, ma mère, adieu ! Adieu, terre
de Chanaan, promise à la postérité d'Abraham ; je
ne vous verrai plus !... Adieu, mes frères ; je vous
pardonne, et prie le Dieu de nos pères de ne point
venger sur vous mes malheurs. (*On l'entraîne.*)

XII. — Joseph reconnu par ses frères.

L'intendant du palais.

Seigneur, ces étrangers du pays de Chanaan, qui sont déjà venus et dont vous avez retenu le frère en prison, viennent d'arriver et demandent à vous parler.

Joseph.

Vous les introduirez ici dans un instant. Mais écoutez bien mes ordres, et prenez garde d'en omettre un seul. Aussitôt que ces étrangers seront entrés, vous enverrez chercher leur frère, qui est dans la prison voisine. Puis vous ordonnerez qu'on remplisse leurs sacs de blé, et vous y ferez mettre, comme la première fois, l'argent qu'ils vont vous donner pour prix de ce blé; dans le sac du plus jeune vous ferez cacher la coupe dont je me sers à table. Mais employez pour cela un serviteur discret, et que le secret n'en transpire en aucune façon, sous peine d'encourir ma colère. Ensuite, quand ils seront partis, vous les poursuivrez, vous les ferez arrêter par des soldats, vous fouillerez leurs sacs, vous les convaincrez du fait et vous me les amènerez. M'avez-vous compris ?

L'INTENDANT.

Oui, seigneur, et vos ordres seront exécutés à la lettre.

JOSEPH.

Toutefois, avant leur départ, je veux leur offrir à manger et les traiter avec bonté; ayez soin de faire préparer la table dans la salle à manger. Servez-leur les fruits les plus exquis de l'Égypte et les meilleurs vins de mon cellier. Allez, amenez-les ici ; je les recevrai dans quelques minutes. (*L'intendant sort, en faisant une inclination profonde.*) Avec quelle impatience j'attendais leur retour! Sans doute ils ont amené Benjamin, mon frère bien-aimé. Je crains de ne pouvoir, en le voyant, contenir mon émotion ; cependant il faut dissimuler encore, et leur faire subir une dernière épreuve. (*Il sort.*)

L'INTENDANT, *avec les frères de Joseph.*

Asseyez-vous ici, bons étrangers; dans quelques instants, le seigneur mon maître vous recevra.

RUBEN.

J'éprouve un trouble involontaire, en entrant dans ce palais, où Dieu nous a déjà fait subir de si cruelles épreuves. L'argent que nous avons retrouvé dans nos sacs me cause de vives inquiétudes.

DAN.

Pourquoi nous en inquiéter? Ne sommes-nous pas

innocents? Nous l'avions véritablement donné à l'officier du palais, et nous ignorons quelle main a pu le remettre parmi nos provisions.

RUBEN.

Sans doute, mais le fait est contre nous; rien n'atteste notre probité; déjà nous étions soupçonnés d'être des espions; Siméon est demeuré en prison, pour nous en faire souvenir; le gouverneur se défie de nous... Qui lui attestera notre bonne foi?

DAN.

L'argent même que nous rapportons; n'est-ce pas la preuve manifeste de notre probité? Ensuite la présence de Benjamin ne confirme-t-elle pas toutes les déclarations que nous lui avons faites?

JUDA.

La présence de Benjamin, qui vous rassure, est pour moi l'objet de toutes mes inquiétudes. Hélas! un caprice de cet homme puissant peut nous jeter dans le plus affreux embarras et faire mourir de douleur notre vieux père. Car nous sommes entre ses mains comme de faibles esclaves, sans avoir personne qui puisse prendre notre défense. Quand je songe à tout ce qu'il a fallu de sollicitations et de promesses pour déterminer Jacob à nous confier cet enfant, au chagrin si profond que lui a causé cette cruelle séparation, et à l'inconsolable douleur qu'il éprouverait, si nous ne le ramenions pas, je ne puis m'empêcher de frissonner. Ses paroles me reviennent sans cesse : «Je vais être sans enfants pendant votre absence, nous disait-il avec larmes ; j'ai perdu Joseph, et vous m'avez dit qu'une bête l'avait dévoré ; si je perds encore celui-ci, le seul qui me reste de Rachel, je n'aurai plus qu'à descendre au tombeau. » Que Dieu nous préserve d'un si grand malheur !

BENJAMIN.

Il nous en préservera, cher Juda ; rassure-toi. Car notre père nous a dit souvent que ce grand Dieu n'abandonne jamais ceux qui ont mis en lui leur confiance. Il voit le fond des cœurs, il sait bien que nous sommes innocents.

JUDA.

Cher Benjamin, tu es innocent, toi ! Mais nous ne le sommes pas... Hélas ! un grand crime pèse sur tes frères... Et je crois que tous les malheurs dont nous sommes accablés en sont le juste châtiment.

BENJAMIN.

Les présents que nous apportons au gouverneur lui inspireront de la bienveillance : ces fruits, ces aromates, ces objets précieux, nous gagneront son cœur.

RUBEN.

La justice de Dieu nous poursuit ; je vous l'ai dit

et je vous le répéterai toujours : Malheur à ceux qui ont répandu le sang innocent !

DAN.

Qui de nous a répandu le sang innocent? C'est bien la peine de nous rappeler ici de pareils souvenirs !

RUBEN.

Si vous n'avez pas répandu le sang de votre frère, ce n'est pas l'intention qui vous a manqué ; car vous alliez le faire, lorsque je m'y suis opposé! D'ailleurs ne l'avez-vous pas vendu? qui vous assure qu'il soit encore vivant ? Et, s'il respire aujourd'hui, sa vie n'est-elle pas pire que la mort ? Il languit dans un affreux esclavage.

DAN.

Mais à quoi bon nous faire ces odieux reproches ?

JUDA.

Puissions-nous en concevoir un profond repentir ! car Dieu pardonne tout à un repentir sincère. Pour moi, j'ai le plus vif regret de n'avoir pas été plus courageux, pour l'arracher de vos mains. Je me le reprocherai toute ma vie. Le souvenir de cette scène douloureuse me poursuit partout. Je vois ce pauvre enfant, tout en larmes, à genoux, les mains jointes, nous suppliant de l'épargner, invoquant son innocence, notre religion, les liens du sang, l'amour de notre père, avec une voix qui aurait attendri les rochers ; enfin, priant pour nous, au lieu de nous maudire, et nous pardonnant un crime impardonnable. Oui, ses cris, ses sanglots, ses prières, me déchirent le cœur, et je m'étonne que vous ayez été si crüels et moi si lâche !... Malheureux ! rien n'a pu vous toucher, vous avez eu des cœurs de tigres. Eh bien ! Dieu vous amène en cette même Égypte, pour vous y faire expier les souffrances et peut-être la mort de Joseph.

DAN.

Si vous continuez sur ce ton, je vous déclare que cette main saura vous en faire repentir.

L'INTENDANT.

Je viens vous annoncer que l'on vous amène votre frère Siméon, qui était en prison.

RUBEN.

Seigneur, nous vous rendons grâces de cette bonne nouvelle. Mais permettez-nous de vous faire connaître l'inquiétude qui nous tourmente ; car, malgré notre innocence, nous craignons la colère de votre Maître. Lorsque nous sommes venus acheter du blé, la première fois, nous vous en avons donné le prix. Cependant, quand nous avons ouvert nos sacs, quelle a été notre surprise ! nous y avons retrouvé cet argent. Comment cela s'est-il fait ? nous n'en savons rien. Mais nous vous l'avons rapporté, et nous vous le remettons avec celui qui doit payer notre nouvelle provision; car il vous appartient. (*Il veut lui remettre deux bourses.*)

L'INTENDANT.

Non, gardez-le et soyez en paix; j'ai reçu ce que vous me deviez. C'est sans doute votre Dieu qui est l'auteur de cette bonne fortune. Donnez-moi seulement la somme pour laquelle vous désirez encore du blé, afin que je fasse remplir vos sacs. En attendant, vous allez revoir votre frère, qu'on a tiré de prison.

(*Il sort.*)

RUBEN.

Quel heureux présage, mes frères! Toutes mes craintes se dissipent.

BENJAMIN.

Je vous l'avais bien dit; le Dieu d'Israël est avec nous. Que peut-on craindre sous ses auspices?

SIMÉON, *entrant*.

Ah! mes frères... (*Il se jette dans leurs bras.*) Comment va notre père?

RUBEN.

Il va bien, cher Siméon; mais il est très-inquiet sur ton sort et sur le nôtre. Notre retour seul pourra lui rendre la joie et la paix.

JUDA.

Le gouverneur est-il bien disposé? n'as-tu pas été traité avec rigueur?

SIMÉON.

Non, j'ai été traité avec plus de douceur que les autres prisonniers ; mais je n'ai pas vu le gouverneur de l'Égypte. On le dit très-bon et très-juste. Le voici.

JOSEPH, *entrant.*

Je suis bien aise de vous revoir...

RUBEN, *lui offrant ses présents et se prosternant avec ses frères.*

Seigneur, daignez agréer ces faibles témoignages du respect et de la reconnaissance de notre père, votre humble serviteur.

JOSEPH.

Se porte-t-il bien, ce bon vieillard, dont vous m'avez dit tant de choses intéressantes ?

RUBEN.

Oui, Seigneur, Dieu a jusqu'ici conservé sa santé et sa vie, pour le bonheur de sa nombreuse famille.

JOSEPH, *regardant Benjamin.*

Est-ce là le plus jeune de vos frères, dont vous m'avez parlé ?

RUBEN.

C'est notre jeune frère, votre serviteur, que vous nous avez ordonné d'amener, en témoignage de notre sincérité. Vous voyez, seigneur, que nous avons tenu parole et que nous vous avons parlé sans déguisement.

JOSEPH.

Je reconnais maintenant que vous m'avez dit la vérité et que vous n'êtes pas des espions. (*A Benjamin.*) Quel est votre nom ?

BENJAMIN.

Benjamin.

JOSEPH.

Et celui de votre mère ?

BENJAMIN.

Rachel ; mais elle est morte en me donnant le jour.

JOSEPH.

Je prie Dieu, mon fils, qu'il vous conserve et qu'il vous soit toujours favorable. (*Il s'échappe pour cacher son émotion.*)

JUDA.

Comme il nous a quittés brusquement ! Il a paru tout ému ; aurait-il quelque chagrin ?

DAN.

Peut-il manquer quelque chose à un si grand personnage ?

BENJAMIN.

Peu nous importe. Il a l'air si bon, que je n'ai plus aucune peur.

JUDA.

Il t'a considéré avec une attention particulière.

L'INTENDANT, *entrant.*

Le seigneur mon maître me charge de vous conduire à la salle à manger ; veuillez m'y suivre.

(Ils sortent avec lui.)

JOSEPH, *rentrant.*

La vue de Benjamin, mon frère, et le souvenir de Rachel, notre mère, m'ont attendri au point que je n'ai pu maîtriser mon émotion ! O ma mère ! ô mon père ! enfants de Jacob ! Quels événements !... Les voilà donc accomplis, ces songes mystérieux, qui me promettaient les hommages de mes frères et l'empire sur toute ma famille ; je viens de voir à mes pieds ceux qui m'ont vendu par jalousie, de peur que je ne vinsse à dominer sur eux... Mystère de l'adorable Providence ! O Dieu d'Abraham, d'Isaac et de Jacob, vous avez tout conduit ; vous avez la main sur cette famille de votre choix, et vous disposez de tous les événements pour l'accomplissement de vos desseins : soyez béni !... Quel beau jour pour moi ! Il ne manque à mon bonheur que la présence de mon père chéri. Bientôt je vais embrasser mes frères. Cher Benjamin, qu'il me tarde de te presser sur mon cœur !

L'INTENDANT.

Seigneur, vos ordres sont exécutés. Ces étrangers sont à table. Leurs sacs sont déjà préparés. J'y fais enfermer l'argent qu'ils m'ont apporté, et votre coupe sera cachée dans le sac du plus jeune. Quand le chargement de ces provisions sera fait et qu'ils auront quitté le palais, je courrai après eux avec quelques soldats, nous les fouillerons et nous vous les amènerons.

JOSEPH.

C'est bien. Que tout s'exécute exactement. Je vais les voir un instant et les congédier.

(*Il sort.*)

L'INTENDANT.

Il faut convenir que mon maître, dont la sagesse est admirée de toute l'Égypte, me fait faire aujourd'hui des choses bien singulières. Il a pour ces étrangers des attentions dont les Égyptiens mêmes seraient jaloux, et il veut que je les traite ensuite avec une rigueur qui n'est pas ordinaire. C'est inconciliable ! Il les reçoit avec égards, les fait manger à sa table, leur donne tout le blé qu'ils demandent et leur rend encore leur argent. Puis il m'ordonne de les arrêter, de les convaincre de vol, et de les lui amener prisonniers... Cependant il ne peut pas les traiter en criminels, car il sait bien qu'ils sont innocents ; et il est trop juste pour cela... Où veut-il en venir ?.... Ce qui achève de me surprendre, c'est qu'il ne parle point d'eux sans émotion, et que tout à l'heure je lui ai vu les yeux pleins de larmes... Il y a là un vrai mystère pour moi. Mais, après tout, ses secrets ne me regardent pas. Mon devoir est d'obéir.

(*Il sort.*)

JOSEPH.

Ils sont partis... Je vais les attendre ici... C'est la dernière épreuve que je veuille leur faire subir, car mon cœur n'y tient plus. Dix fois j'ai été sur le point d'éclater et de me jeter dans leurs bras. Cependant je tiens à voir leurs sentiments pour leur père, pour Benjamin, afin de m'assurer s'ils sont de dignes enfants de Jacob. S'ils ont du cœur, je les en récompenserai.... Je les ferai venir tous en Égypte, avec leurs familles ; je leur donnerai la terre de Gessen, si riche en pâturages ; ils y habiteront avec leurs troupeaux, sans changer leurs habitudes de pasteurs ; mon père y coulera ses derniers jours, dans l'abondance, au milieu de ses enfants ; et j'irai moi-même me délasser près de lui des fatigues et des soucis de l'administration... Je ne serai plus un orphelin, un exilé, sans parents et sans patrie. J'aurai un père et des frères, je mourrai parmi les élus de mon Dieu. O Seigneur, vous êtes trop bon ! Je n'espérais plus un tel bonheur. Comment vous rendrai-je assez d'actions de grâces pour de si étonnants bienfaits ? Vous m'avez arraché à la mort, tiré de l'esclavage, porté du fond d'une prison sur les degrés du trône, et fait le sauveur de l'Égypte et de toute ma famille ! Quel

11.

prodige de miséricorde!... J'entends du bruit. Soutenons jusqu'au bout notre personnage.

L'INTENDANT, *avec ses captifs.*

Seigneur, voici les étrangers que vous avez admis à votre table et traités avec tant de bonté. Je viens de les faire arrêter. Ils avaient dans leurs sacs l'argent de leur blé, et le plus jeune avait en outre dans le sien la coupe dont mon seigneur se sert à table.

JOSEPH.

Quoi! vous avez poussé l'ingratitude jusque-là?

(*Ils tombent à ses genoux.*)

L'INTENDANT.

Quand je les ai arrêtés, ils ont encore voulu dissimuler : « Si la coupe de votre maître est dans le sac de l'un de nous, ont-ils dit audacieusement, que celui-là meure ; et que ceux qui auraient repris leur argent soient réduits en servitude. » Et cependant, seigneur, ils étaient tous coupables.

JOSEPH.

Eh bien ! ils ont prononcé leur propre sentence ; il leur sera fait selon leur parole.

RUBEN.

Seigneur, permettez à vos humbles serviteurs de dire un mot pour leur justification. Rien n'égale notre surprise, si ce n'est notre confusion et notre douleur... Notre vie est entre vos mains, vous pouvez nous ôter la liberté ou nous donner la mort;

tous les faits sont contre nous... Cependant, j'en prends le ciel à témoin, nous sommes innocents; nous ignorons comment cet argent et cette coupe ont pu se trouver dans nos sacs.

TOUS.

C'est la vérité, seigneur.

JOSEPH.

Je ne puis croire que vous soyez tous innocents; il y a au moins un coupable parmi vous. Ne pouvant le distinguer, je m'arrête à celui qui est le plus compromis, celui dans le sac duquel on a trouvé ma coupe. Je le retiens comme mon esclave, et, dans ma clémence, je consens à laisser partir les autres. Telle est ma volonté.

JUDA.

Mon seigneur, permettez à votre serviteur de vous parler. Après Pharaon, vous êtes notre seigneur et notre maître, nous le reconnaissons. Vous avez sans doute aussi sa justice et sa bonté. La première fois que nous sommes venus, vous nous avez demandé si nous avions encore notre père et d'autres frères. Et nous avons répondu à mon seigneur : Oui, nous avons un père avancé en âge et un jeune frère, qui est resté auprès de lui et dont le frère de mère est mort; il ne reste à notre bon père que celui-ci, et il l'aime tendrement. Vous nous avez commandé de l'amener, et nous vous avons dit que le vénérable vieillard en mourrait peut-être de chagrin. Vous l'avez cependant exigé, et, pour vous obéir, nous avons fait toutes les instances possibles, et nous lui avons promis sur notre vie de le lui ramener. Il nous a répondu, les larmes aux yeux : « Vous savez que sa mère ne m'a donné que deux fils. Le premier est sorti dans la campagne, et vous m'avez dit qu'une bête l'avait dévoré; il n'est point revenu. Si vous emmenez celui-ci et qu'il lui arrive quelque malheur en chemin, vous me ferez descendre au tombeau. » Si donc nous nous présentons devant ses cheveux blancs sans Benjamin comme sa vie dépend de la sienne, il en mourra de douleur et nous serons cause de sa mort. Je suis plus fort que cet enfant, seigneur, recevez-moi en esclavage à sa place. Car j'ai dit à mon père: Si je ne le ramène pas, je veux bien que vous ne me le pardonniez jamais. Permettez-moi donc plutôt de rester à votre service, comme votre esclave, et renvoyez cet innocent enfant avec mes frères.

JOSEPH.

Votre dévouement me touche, et j'y suis très-sensible. (*Il s'attendrit visiblement et dit à l'intendant*) : Retirez-vous... (*Ouvrant ses bras, et jetant un cri, avec larmes.*) Je suis Joseph. Mon père est donc encore vivant?

TOUS.

O ciel! quoi?...

JOSEPH.

Mes frères, approchez, venez à moi. Je suis Joseph, votre frère, dont vous regrettez la perte. Ne craignez point, je vous ai pardonné depuis longtemps. C'est Dieu qui a permis tous ces événements, pour mettre en mes mains les richesses de l'Égypte et pour vous sauver de la famine. Que son saint nom soit béni !

RUBEN.

O ciel, quelle révélation !

JOSEPH.

Vous voyez ma puissance ; après Pharaon je gouverne tout l'empire. Nous avons des vivres en abondance. Je vous destine une belle terre. Vous irez dire à mon père que son fils Joseph est vivant et qu'il est le maître de l'Égypte. Vous l'amènerez ici, avec toutes vos familles et tous vos troupeaux. La famine durera encore cinq ans ; mais rien ne vous manquera, et nous vivrons heureux ensemble. Levez-vous, et embrassez-moi. Benjamin, mon frère bien-aimé, que je suis ravi de te voir ! (*Ils s'embrassent en pleurant, puis Joseph embrasse de même ses autres frères.*) Venez dans l'intérieur de mon palais ; allons nous réjouir en famille.

XIII. LE POINT DU JOUR.

NÉPHALE et SOPITE.

NÉPHALE.

Je voulais aller vous voir aujourd'hui, Sopite; mais on m'a dit que vous n'étiez pas chez vous.

SOPITE.

On n'a pas tout à fait menti; je n'y étais pas pour vous; mais j'y étais fort bien pour moi.

NÉPHALE.

Qu'entendez-vous par cette énigme?

SOPITE.

Vous connaissez l'ancien proverbe : *Je ne dors pas pour tout le monde.* Vous connaissez aussi la plaisanterie de Nasica. Un jour qu'il était allé voir Ennius, son ami, celui-ci fit dire par sa servante qu'il n'y était pas. Nasica comprit, et se retira. Ennius, étant à son tour allé voir Nasica, demanda au domestique s'il était chez lui. Nasica cria du fond de son cabinet : Je n'y suis pas. Ennius reconnut sa voix. Quoi! dit-il, impudent, ne reconnais-je pas ta voix? — Tu es bien plus impudent, toi, reprit Nasica, de ne pas t'en rapporter à moi, quand je m'en suis rapporté à ta servante.

NÉPHALE.

Sans doute vous étiez excessivement occupé?

DILUCULUM.

NEPHALIUS et SOPITUS.

NEPHALIUS.

Hodie te conventum volebam, Sopite; sed negabaris esse domi.

SOPITUS.

Non omninò mentiti sunt; tibi quidem non eram, sed mihi tùm eram maximè.

NEPHALIUS.

Quid istud ænigmatis est ?

SOPITUS.

Nosti illud vetus proverbium : *Non omnibus dormio.* Nec te fugit ille Nasicæ jocus, cui, quùm Ennium familiarem invisere volenti, ancilla jussu heri negasset esse domi, sensit Nasica et discessit. Cæterùm, ubi vicissim Ennius, Nasicæ domum ingressus, rogaret puerum nùm esset intùs, Nasica de conclavi clamavit : Non, inquiens, sum domi. Quùmque Ennius, agnitâ voce, dixisset : Impudens, non te loquentem agnosco ? — Imò tu, inquit Nasica, impudentior, qui mihi ipsi fidem non habeas, quum ego crediderim ancillæ tuæ.

NEPHALIUS.

Eras fortassis occupatior.

SOPITE.

Au contraire, j'étais dans l'inaction la plus agréable du monde.

NÉPHALE.

Autre énigme qui me met l'esprit à la torture.

SOPITE.

Je vais donc dire la chose comme elle est, sans appeler une figue autrement qu'une figue.

NÉPHALE.

Eh bien?

SOPITE.

Je dormais profondément.

NÉPHALE.

Comment! Vous dormiez! il était huit heures sonnées; et, dans cette saison, le soleil se lève avant quatre heures!

SOPITE.

Oh! le soleil peut se lever à minuit, s'il veut, pourvu que je puisse, moi, dormir tout mon content.

NÉPHALE.

Mais, est-ce par hasard, ou si c'est une habitude?

SOPITE.

Pure habitude, je vous assure.

NÉPHALE.

Or l'habitude d'une mauvaise chose est une très mauvaise habitude.

SOPITUS.

Imò suaviter otiosus.

NEPHALIUS.

Rursùm ænigmate torques.

SOPITUS.

Dicam igitur explanatè; nec aliud dicam ficum, quàm ficum.

NEPHALIUS.

Dic.

SOPITUS.

Altùm dormiebam.

NEPHALIUS.

Quid ais ? Atqui jam præterierat octava, quùm sol hoc mense surgat antè quartam.

SOPITUS.

Per me quidem soli liberum est vel mediâ nocte surgere, modò mihi liceat ad satietatem usquè dormire.

NEPHALIUS.

Verùm istud utrùm casu accidit, an consuetudo est?

SOPITUS.

Consuetudo, prorsùs.

NEPHALIUS.

Atqui rei non bonæ consuetudo pessima est.

SOPITE.

Ah! le sommeil n'est jamais plus délicieux qu'après le soleil levé.

NÉPHALE.

A quelle heure avez-vous donc coutume de sortir du lit?

SOPITE.

Mais, entre quatre..... et..... neuf heures.

NÉPHALE.

L'espace est assez honnête : les reines ne mettent pas ce temps-là à leur toilette. D'où vous vient cette habitude?

SOPITE.

Nous faisons durer nos repas, nos jeux, nos divertissements bien avant dans la nuit : c'est une perte qu'il faut bien réparer en dormant la grasse matinée.

NÉPHALE.

Jamais je n'ai vu d'homme aussi follement prodigue que vous.

SOPITE.

Il me semble que c'est plutôt économie que prodigalité; car, pendant ce temps-là, je ne brûle point de chandelle, et n'use point d'habit.

NÉPHALE.

Économie mal entendue : ménager le verre et perdre les diamants! Ce n'est pas ainsi que pensait ce sage philosophe à qui l'on demandait quelle était la

SOPITUS.

Imò nullus est somnus suavior, quàm post exortum solem.

NEPHALIUS.

Quâ tandem horâ soles lectum relinquere ?

SOPITUS.

Inter quartam et..... nonam.

NEPHALIUS.

Satis amplum spatium : vix tot horis comuntur reginæ. Sed undè venisti in istam consuetudinem?

SOPITUS.

Quia solemus convivia, lusus et jocos in multam proferre noctem ; id dispendii matutino somno pensamus.

NEPHALIUS.

Vix unquam vidi hominem te perditiùs prodigum.

SOPITUS.

Mihi parcimonia videtur magis quàm profusio. Interìm nec candelas absumo, nec vestes detero.

NEPHALIUS.

Præpostera sanè parcimonia, servare vitrum ut perdas gemmas. Aliter sapuit ille philosophus, qui

chose la plus précieuse : Le temps, répondit-il. Or, comme on ne peut douter que le matin ne soit la meilleure partie de la journée, il s'ensuit que vous prenez plaisir à perdre ce qu'il y a de plus précieux dans la chose du monde la plus précieuse.

SOPITE.

Est-ce donc une perte que de faire du bien à son cher petit corps?

NÉPHALE.

C'est, au contraire, faire tort à ce corps si chéri, parce que jamais il ne se porte mieux, jamais il n'a plus de vigueur, que quand ses forces, réparées par un sommeil modéré et pris à propos, sont ensuite développées par le travail du matin.

SOPITE.

Mais rien n'est si doux que le sommeil.

NÉPHALE.

Quelle douceur peut-il y avoir à ne rien sentir?

SOPITE.

Celle-là même de ne sentir aucun chagrin.

NÉPHALE.

A ce compte, ceux-là sont les plus heureux qui dorment pour toujours dans le tombeau ; car le sommeil ordinaire est souvent troublé par des songes fâcheux.

SOPITE.

On dit que rien n'engraisse tant que le sommeil du matin.

rogatus quid esset pretiosissimum, respondit : Tempus. Porrò quum constet diluculum esse totius diei partem optimam, tu, quod in re pretiosissimâ pretiosissimum est, gaudes perdere.

SOPITUS.

An hoc perit quod datur corpusculo?

NEPHALIUS.

Imò detrahitur corpusculo, quod tùm suavissimè afficitur, maximèque vegetatur, quum tempestivo moderatoque somno reficitur, et matutinâ vigiliâ corroboratur.

SOPITUS.

Sed dulce est dormire.

NEPHALIUS.

Quid esse potest dulce nihil sentienti ?

SOPITUS.

Hoc ipsum dulce est, nihil sentire molestiæ.

NEPHALIUS.

Atqui isto nomine feliciores sunt qui dormiunt in sepulchris. Nam dormienti nonnunquàm insomnia molesta sunt.

SOPITUS.

Aiunt eo somno maximè saginari corpus.

NÉPHALE.

Laissons aux loirs (1) un avantage qui convient si peu à l'homme. On a raison d'engraisser les animaux qu'on destine à notre table; mais à quoi peut servir l'embonpoint dans un homme, sinon à lui donner plus de charge à porter quand il marche? Dites-moi un peu, si vous aviez un domestique, aimeriez-vous mieux que ce fût un gros lourdaud, qu'un jeune garçon alerte et dispos?

SOPITE.

Mais je ne suis pas un domestique.

NÉPHALE.

Convenez seulement que vous aimeriez mieux un domestique agile et dégourdi, qu'un autre chargé d'embonpoint.

SOPITE.

Oui, sans doute.

NÉPHALE.

Or, Platon dit que ce qui constitue l'homme, c'est l'esprit, dont le corps n'est que la demeure ou l'instrument. Vous avouerez du moins, je pense, que l'esprit est la plus noble partie de l'homme, et que le corps est fait pour le servir.

SOPITE.

Soit, si vous le voulez.

____

(1) Petit animal qui dort pendant tout l'hiver.

NEPHALIUS.

Ista glirium sagina est, non hominum. Rectè sa-
ginantur animalia quæ parantur epulis : homini
quorsùm attinet accersere obesitatem, nisi ut gra-
viore sarcinâ onustus incedat? Dic mihi, si famulum
haberes, utrùm obesum malles, an vegetum et ad
omnia habilem ?

SOPITUS.

Atqui non sum famulus.

NEPHALIUS.

Mihi sat est quòd ministrum officiis aptum malles,
quàm benè saginatum.

SOPITUS.

Planè mallem.

NEPHALIUS.

At Plato dixit animum hominis hominem esse ;
corpus nihil aliud esse quàm domicilium aut instru-
mentum. Tu certè fateberis, opinor, animum esse
principalem hominis portionem, corpus animi ministrum.

SOPITUS.

Esto, si vis.

NÉPHALE.

Puisque vous ne voudriez pas que votre domestique fût trop gras, et que vous l'aimeriez mieux alerte et agile, pourquoi donc rendez-vous pesant et paresseux celui qui doit obéir à votre esprit?

SOPITE.

Je cède à la force de la vérité.

NÉPHALE.

Écoutez un autre tort que vous vous faites. Vous m'avouerez encore que, comme l'esprit est infiniment au-dessus du corps, les richesses de l'esprit sont aussi infiniment au-dessus des biens du corps.

SOPITE.

C'est probable.

NÉPHALE.

Or, parmi les richesses de l'esprit, la sagesse est au premier rang.

SOPITE.

J'en conviens.

NÉPHALE.

Et pour l'acquérir il n'y a pas de moment plus favorable que le matin, lorsque le soleil, à son lever, rend à toute la nature la vigueur et la gaieté. Toutes les fois que ses rayons dorés éclairent votre chambre, ne semble-t-il pas vous adresser ce reproche: « Insensé, quel plaisir prends-tu à perdre la plus belle partie de ta vie? Je n'éclaire pas pour que tu dormes

NEPHALIUS.

Quùm tibi nolles ministrum abdomine tardum, sed agilem malles et alacrem ; cur animo paras ministrum ignavum et obesum?

SOPITUS.

Vincor veris.

NEPHALIUS.

Jam aliud dispendium accipe. Ut animus longè præstat corpori, ità fateris opes animi longè præcellere bona corporis.

SOPITUS.

Probabile dicis.

NEPHALIUS.

Sed inter animi bona, primas tenet sapientia.

SOPITUS.

Fateor.

NEPHALIUS.

Ad hanc parandam nulla diei pars utilior quàm diluculum, quùm sol novus exoriens vigorem et alacritatem adfert rebus omnibus. uotiès Qaureus ille splendor illustrat cubiculum tuum, nonne videtur exprobrare dormienti? « Stulte, optimam vitæ tuæ partem gaudes perdere? Non in hoc luceo, ut abditus

dans les ténèbres, mais pour que tu veilles, et te livres à des travaux utiles. » On n'allume point un flambeau pour dormir, mais pour travailler : et vous, à la lumière du plus éclatant des flambeaux, vou ne songez qu'au sommeil!

SOPITE.

Vous prêchez à merveille.

NÉPHALE.

J'ai éprouvé plus d'une fois qu'on apprend plus le matin en une heure, que l'après-midi en trois, et cela sans nuire à sa santé.

SOPITE.

Je l'ai entendu dire aussi.

NÉPHALE.

Eh bien! calculez maintenant combien de choses vous pourriez apprendre pendant les quatre heures que vous perdez si mal à propos à dormir.

SOPITE.

J'en apprendrais beaucoup, sans contredit.

NÉPHALE.

Additionnez ensuite la perte que vous faites tous les jours, et voyez à combien se montera le total.

SOPITE.

A une somme très-considérable.

NÉPHALE.

Celui qui dissipe mal à propos l'or et les pierreries passe pour un prodigue, et on l'interdit : n'est-ce

dormias, sed ut rebus honestissimis invigiles. » Nemo
lucernam accendit ut dormiat, sed ut aliquid operis
agat : et ad hanc lucernam omnium pulcherrimam
nihil aliud quam stertis?

SOPITUS.

Bellè declamas.

NEPHALIUS.

Expertus sum in studiis plus effici unâ horâ matutinâ, quàm tribus pomeridianis, idque nullo corporis detrimento.

SOPITUS.

Audivi.

NEPHALIUS.

Nunc mihi supputa quantùm eruditionis tibi pa-
rare possis, quatuor illis horis, quas somno intempes-
tivo perdis.

SOPITUS.

Profectò multùm.

NEPHALIUS.

Deindè illud reputa, si singulorum dierum jactu-
ram in summam conferas, quantus sit futurus cu-
mulus.

SOPITUS.

Ingens profectò.

NEPHALIUS.

Qui gemmas et aurum temerè profundit, prodigus

donc pas être plus prodigue encore, et d'une manière plus honteuse, que de perdre des biens infiniment plus précieux ?

SOPITE.

Mais il est dur de renoncer à ce que l'on a fait si longtemps.

NÉPHALE.

Oui, dans le commencement ; mais l'habitude opposée adoucit bientôt la peine, et la change même par la suite en un plaisir extrême, en sorte qu'on n'a pas sujet de regretter la peine qu'on a éprouvée d'abord.

SOPITE.

Je crains de ne pas réussir.

NÉPHALE.

Si vous aviez soixante-dix ans, je ne vous proposerais pas de renoncer à vos habitudes, mais à peine êtes-vous dans votre dix-huitième année : et de quoi ne vient-on pas à bout à cet âge, pourvu qu'on ait la bonne volonté ?

SOPITE.

Je ferai donc mon possible, et, de dormeur, je tâcherai de devenir amateur de l'étude.

NÉPHALE.

Si vous le faites, mon cher Sopite, je suis persuadé que dans peu de jours vous vous applaudirez sincèrement, et que vous me remercierez même de mes avis.

habetur, et tutorem accipit : hæc bona tantò pretiosiora qui perdit, nonne multò turpiùs prodigus est?

SOPITUS.

At durum est ea relinquere, quibus diù assueveris.

NEPHALIUS.

Initio quidem, sed eam molestiam diversa consuetudo primùm lenit, mox vertit in summam voluptatem, ut te brevis molestiæ non oporteat pœnitere.

SOPITUS.

Vereor ut succedat.

NEPHALIUS.

Si septuagenarius esses, non retraherem te a solitis; nunc vix decimum septimum annum egressus es. Quid autem est quod ista ætas non possit vincere, si modò adsit promptus animus?

SOPITUS.

Equidem aggrediar, conaborque ut ex Sopito fiam philologus.

NEPHALIUS.

Id si feceris, mi Sopite, sat scio, post paucos dies, et tibi seriò gratulaberis, et mihi gratias ages qui monuerim.

ERASME.

FIN.

ERRATUM.

Complément de la page 76.

Le Corbeau et le Renard.

Maître corbeau, sur un arbre perché,
Tenait en son bec un fromage.
Maître renard, par l'odeur alléché,
Lui tint à peu près ce langage :
Hé ! bonjour, monsieur du Corbeau !
Que vous êtes joli ! que vous me semblez beau !
Sans mentir, si votre ramage
Se rapporte à votre plumage,
Vous êtes le phénix des hôtes de ces bois.
A ces mots, le corbeau ne se sent pas de joie ;
Et, pour montrer sa belle voix,
Il ouvre un large bec, laisse tomber sa proie.
Le renard s'en saisit, et dit : Mon beau monsieur,
Apprenez que tout flatteur
Vit aux dépens de celui qui l'écoute ;
Cette leçon vaut bien un fromage, sans doute !
Le corbeau, honteux et confus,
Jura, mais un peu tard, qu'on ne l'y prendrait plus.

La Fontaine.

TABLE DES MATIÈRES.

DEUXIÈME PARTIE.

Dialogues en prose.

FIN DE LA TABLE.

Corbeil, imprimerie de Crété.

www.ingramcontent.com/pod-product-compliance
Ingram Content Group UK Ltd.
Pitfield, Milton Keynes, MK11 3LW, UK
UKHW021516090726
13657UKWH00001B/272